KB271669

이립 실천편

이립 실천편

초판 1쇄 발행 2010년 11월 11일

지은이 심상훈
펴낸이 변선욱
펴낸곳 왕의서재
마케팅 변창욱
표지·본문디자인 출판iN 이상진 010·2078·9794

출판등록 2008년 7월 25일 제313-2008-120호
주소 서울특별시 마포구 동교동 156-2 마젤란21오피스텔 1706호
전화 02-3142-8004
팩스 02-3142-8011
이메일 latentman@naver.com

필름출력 스크린그래픽센터
종이 한서지업(주)
인쇄·제본 미래프린팅

ISBN 978-89-93949-38-4 (13300)

책값은 표지 뒤쪽에 있습니다.
파본은 본사와 구입하신 서점에서 교환해드립니다.

이립 

실천편

而立

술술술 풀리는 남자 서른의 인문학

심상훈 지음

"그 사람이 무엇을 보고 있는지는 보이지만,

　그 사람이 무엇을 듣고 있는지는 들리지 않는다."

다다이즘 미술가인 마르셀 뒤샹(1887~1968)이 남긴 말이다. 뒤샹은 현대 미술의 혁명가로 피카소와 더불어 가장 많은 연구와 비평의 대상이 된 인물로 유명하다. 그는 모나리자 그림에 엉뚱하게도 남자의 콧수염을 그려 넣었다. 필자는 이 그림을 보면서, 신선한 충격을 받았다. 세상을 반쪽으로만 보지 않고 완전성이라는 관점으로 보려는 시도가 아니었을까?

　필자는 이 책에서 뒤샹의 말 중 '그 사람'을 성공한 사람으로 정의하고자 한다. 즉, 성공한 사람들이 주로 '무엇을 보고 있는지' 그것을 역사인물과 현대인으로 조명하고 하나하나 살피면서 결과를 연구하여 그릇에 담아내고자 한다.

　행복, 누구나 바란다. 건강, 이것도 마찬가지다. 세계 최장기 성인발달연구를 맡아온 미국의 정신과 전문의인 조지 베일런트 박사가 쓴 『행복의 조건』에는 이런 촌철살인의 명구가 등장한다.

"행복하고 건강하게 나이 들어갈지를 결정짓는 것은 지적인 뛰어
남이나 계급이 아니라 사회적 인간관계다."

그렇다. 성공이란 그 사람의 사회적 인간관계가 좋은가, 나쁜가
에 따라서 천양지차로 결과가 달라지는 것. 이게 어쩌면 우리가 마주
하는 현실일 터. 현실은 한마디로 냉정하다. 세상이 냉정하다는 이유
는 무언가를 우리에게 보게는 하지만, 어떤 것(성공의 비밀)은 우리에
게 듣게 해주지는 않기 때문이다.

그런데 몇 년 전부터다. '술酒자리'에서 보는 것은 물론이거니와
듣는 게 가능하다는 것을 몸소 체험할 수 있었다. 이 책을 처음 염두
하게 된 계기였다. 그로부터 햇수로 3년째를 맞이하고 있다.

베일런트 박사는 책에서 "50대 이후 사람의 삶을 결정하는 가장
중요한 변수는 47세 무렵까지 만들어 놓은 인간관계"라는 연구 결과
를 내놓은 바 있다. 필자의 나이 어느새 47세다. 가장 중요한 변수가
되는 나이이고 보니 두렵고 떨린다. 바짝 긴장된다. 세상을 헛산 것
이 아니라면 지금 나는 자신만만해야 할 텐데…

내게도 십대가 있었다. 이십대 청춘이 있었다. 앞으로 앞으로만 나아가려고 질주했던 것 같다. 되돌아보니 말이다. 나아가기 위해서는 더러는 뒤로 물러서기도 하는 게 진進과 퇴退의 처세법이란 것을 미처 몰랐던 것 같다. 그렇게 서른이 지났다.

말장난 같지만 서른의 나이는 인생의 행복, 건강, 그리고 성공이란 꽃을 반드시 피워내야만 하는 철이다. 철을 모르면 서른은 생애 처음 '설움'이란 비·바람을 뼈저리게 수없이 겪게 된다. 그러나 철을 제대로 알면 서른은 평생이 탄탄대로로 보장되는 '서론'을 쓸 수 있는 나이이니 잔치는 끝나지 않고 이제 시작이다.

옛사람이 말하길, 화발다풍우花發多風雨라고 했다. 설움이란 내 생각대로 일이 술술술 풀리지 않기 때문에 성공이 아니라 실패로 느껴지는 감정을 말하는 것이다. 그렇기 때문에 미리미리 서론을 준비하지 않으면 혹독하게 설움을 겪을 수밖에 없다.

마흔은 왜 불혹不惑인가. 불혹을 읽으면 '부록'으로 쓸 수 있다. 설움을 겪고도 서론을 준비하지 않았다면 인생이 주인공이 아니라 머슴이나 종 신세가 될 수밖에 없는 '부록附錄'으로 살게 될 것이고

설움을 겪고서 자신을 반성하며 서론을 준비하고자 불철주야 노력했다면 인생이 확 바뀌어 부자가 되는 '부록富錄'이 될 것이다.

자기경영의 시대이다. 자기가 인생을 경영하기 나름이다.

십대와 이십대 때는 제멋대로 놀고 방탕할 정도로 도박도 하고 요즘 뜨는 노래 '난 이런 사람이야' 식으로 먹고 마시고 노는 것을 에브리데이 좋아하고 즐긴다고 해도 '친구들 세계'에서는 의리로 통할 수 있다.

하지만 서른과 마흔이 되어 보라. 완전 다르다. 그러고 싶어도 도무지 그럴 수 없다. 어제의 친구가 오늘의 친구가 되지 않아서다. 알게 모르게 서로의 신분 격차가 좁혀지지 않고 천양지차로 크게 벌어지기 때문이다.

서른의 나이. 달리 '이립而立'이라고들 부른다. 이립은 고전 『논어』에 나오는 공자님 말씀이다. 설움을 겪고도 서론을 준비하려는 몸짓이 없는 불혹의 나이는 부자는 고사하고 부록 인생으로 쉼이 없는 쉰(50세)을 맞이할 것이니 늦었다고 생각하지 말고 다른 사람보다 비·바람을 더 많이 맞이하게 되는 운명(나)을, 한 송이 꽃이라 생각해 볼 일이다. 다음에 할 일은 다풍우多風雨 뒤에 오는 화발花發이 나를 간절히 기다리고 있다 식으로 꿈꾸듯 그려볼 일이다.

　곤란을 겪고서 성공한 사람들. 꽃 피우고 열매를 맺은 사람들. '그 사람'에게 필자가 본 것은 크게 3가지다. '술술술'이 그것. 첫 번째 술은 술酒자리를 말한다. 필자가 아는, 프리랜서 방송 작가는 술酒자리에서 가장 많은 일과 수입이 들어온다고 살짝 고백한 적이 있다. 단, 취醉해야만 한다.

　'취醉'라는 한자를 잘 보자. 술을 뜻하는 유酉 자와 마침을 의미하는 졸卒 자가 합쳐진 자형인 것을 알 수 있다. 이는 '잘 마시는 것'을 말한다. 남 보기 흉할 정도의 행동은 '취醉'가 아니라 나쁜 흉(酉+凶=酗)이 되는 것이다. 나아가서는 더러워지는 추(酉+鬼=醜)가 되기 때문에 술酒자리는 항상 상대와 잘 마침이 중요하다. 기분이 좋아지는 게 취하는 것이라면 기분이 나빠지고 엉망이 되는 게 흉이고, 추가 되는 것이다. 이를 서른에 알았더라면 좋았을 것을….

　참고로 필자의 주량은 소주로 치면 넉 잔 정도, 막걸리는 한 병 정도. 두주불사는 못 되지만 할 수 있으면 술자리를 즐기려고 노력한다. 실失 보다는 득得이 많다고 생각하기 때문이다.

두 번째의 술은 메모와 기록을 뜻하는 '술述'이다. 술酒, 이 한 가지로는 부족하다. 그야말로 술술 풀리지 않는다. 최소한 두 가지를 잘해야 이 험한 세상에서 잘 살아갈 수 있다. 마시되酒 기록述하라. 그러면 무언가 막혔던 게 뻥하고 뚫린다. '술술 풀린다'고 말할 수 있다.

세 번째는 나만의 재주를 의미하는 '술術'이다. 세상에 하찮은 재주는 없다. 그런데 문제는 자신의 재주를 지속적으로 갈고닦고 개발을 하지 않는 데 있다. 힘들다고 중도에 포기한다. 이게 문제의 심각성이다.

생각해 보자. 우리의 삶이든 사회생활이든 아니면 자영업이든 기업을 경영하든 간에 누구든지 한때 죽을 만큼 심각했던 문제들이 있었다. 그리고 어느 날인가, 한꺼번에 술술술 풀렸던 경험 또한 생애 한번쯤은 있었을 것이다.

옛 시에 이르기를 '오로지 술 마신 자만이 그 이름을 남긴다네(唯有飮者留基名)'라고 했다. 술酒이 유기명留基名, 즉 성공에는 기본 철칙이라는 뜻이다. 그럼에도 십중팔구는 금주禁酒가 건강과 행복에 좋다는 이유로 거부하고 있다. 이는 성공의 첫 단추를 중도에 포기하는 것이나 마찬가지다. 술자리를 즐겨라. 물론 그러기 위해서는 주정과 주사를 부리지 않아야 한다. 남에게 피해를 주지 않아야 한다. 이 정도의 매너를 지킬 수 있다면 얼마든지 술은 마셔도 된다.

항간에는 기억하는 자 보다는 기록하는 자가 승리한다는 말이 있다. 말 그대로 '적자생존(적어야 산다는 뜻)'이라고 우스개로 말한다. 즉, 강한 자가 살아남는 것이 아니고 살아남는 자가 강한 것처럼 기억하는 자가 성공하는 것이 아니고 오로지 기록하는 자만이 성공한다는 뜻이다. 그러기 위해서는 50대 전에 기록하고 메모하는 습관을 가져야 한다.

최근엔 이런 생각을 했다. 인생의 전반전이 45세라면, 후반전은 46세부터 그 시작이라고. 전반전에 졌다고 낙담하지 말자. 후반전에 이기면 되니까. 이게 인생이다. 또 역전의 묘미이다.

술酒자리는 많은 친구를 만든다. 잘 마시면 내 고민이 해결되고 나를 도와주는 정보와 지식을 얻을 수 있다. 그러한 시간과 공간을 창조한다. 고백하자면 이 책을 쓰게 된 아이디어도 술자리 때문이었다.

　우리는 더 많은 것을 기억하기 위해서 기록述하고자 한다. 적자 생존(적어야 산다는 뜻)을 위한 선택이다. 선택(Choice)이란 무언가? 누군가 말했던 것처럼 어쩌면 '인생은 B(Birth)와 D(Death) 사이에 있는 C'가 그 답이고, 그 길일지도 모른다. 생존을 위해서 선택은 필수다. 이왕이면 행복과 건강, 부자를 선택해야지 나중에 과거에 내가 잘 살았다고 말할 수 있을 것이다.

　불행과 병약함, 가난함도 따지고 보면 선택인 것이다. 우리들 눈에는 그 사람(행복, 건강, 성공이란 3박자를 갖춘 사람이라고 하자)이 무엇을 보고 있는지는 보이지만, 그 사람이 무엇을 듣고 있는지는 들리지 않는다. 이를 인정할 줄 알아야 한다.

　육안(肉眼)이 아닌 심안(心眼)으로 보자. 그러면 역사의 인물을 통해서, 아니면 오늘날 잘 나가는 기업의 최고경영자CEO를 통해서 '무엇'의 비밀을 어렵지 않게 들을 수 있다. 이를 믿어 의심치 않는다. 그러기 위해서는 우리는 기억력에 의존할 것이 아니라 기록하는 습관을 이제라도 선택하고 키워야 한다.

　재주術는 최고가 되어야 팔린다. 그렇지 않으면 잘 팔리지 않는다. 당신의 재주가 안 팔리고 있다는 얘기는 아직 최고가 되지 않았기 때문이다. 그러니 세상이 매몰차게 당신의 재주를 몰라주기 때문이라고 섣부르게 좌절하거나 오랜 기간을 방황할 필요가 없다. 부단히 당신의 재주를 키워라. 3개월도 좋고, 3년도 좋다. 아니면 불가에서 말하는 것처럼 10년 단위도 좋다. 공부하듯 정진하자.

서른에 술자리의 유익함과 즐거움을 알고, 마흔에 적자생존의 비밀을 깨우칠 수 있다면 쉰은 휴식을 뜻하는 '쉼休'이 가능하리라 본다.

내 보기엔 성공이란 게 그렇다. 3가지 비밀(酒述術)에서 벗어나 있지 않다. 그 비밀을 이 책에 소개하고자 한다. 고백하건대 필자는 마흔 중반에 그것의 실체(?)를 어렴풋 보았다. 늦었다고? 필자는 전혀 그렇게 생각하진 않는다.

왜 인생이 술술술 풀린다는 말을 하고, 놀랍게도 그 말 자체가 어떻게 해답이 되는지 즐거운 발견의 여행이 될 것이다.

1부는 술酒에 대한 이야기를 담았고, 2부는 메모와 기록을 말하는 술述을 다루고 있다. 3부는 재주를 뜻하는 술術에 대한 이야기를 적었다.

마지막으로 사랑하는 내 가족과 늘 옆에서 도와주는 친구들, 이 모두에게 진심으로 고마움을 전한다.

2010년 11월 충정로2가 원려재에서

심상훈

而立

이순신의 18% • 유비의 28세 • 됨됨이가 보이는 자리 • 이문원 스타일 • 붉은 대추 한 알에 태풍이 몇 개? • CEO, 詩理悟 • 정보력의 자리 • 채움, 비움, 배움 • 숲에서 가장 큰 상수리나무의 비밀 • 생을 긍정하고 사랑하게 만드는 힘 • 취醉하면 승자요 추醜하면 패자 • 역부족이라는 핑계 전에 술 한 잔이 어떠신지 • 최고의 세로토닌 상태

酒

이순신의 18%

"젊은 제자들의 세계를 이해하고자 신촌의 삼겹살집에서 소주잔을 기울이며 자주 이야기를 나누었다."[1]

안세영 서강대 교수가 한 말이다. 그는 협상의 극치인 '클린 트릭 Clean trick'을 국내에 처음 소개한 바 있다. 또 학생들과 열띤 토론 후 소주 한 잔 하는 것을 좋아하는 낭만적인 학자로 유명한, 국내 최고의 전략 협상 전문가이다.

그뿐인가. 이순신 장군 연구회 회원이기도 하다. 그는 이순신 장군의 『난중일기』를 거론하며 장군도 갈등하고 고뇌하고 때론 불합리한 행동도 하는 '우리와 똑같은 보통 사람이다'라고 힘주어 말한 바 있다.

> "(이순신) 장군께서는 술을 아주 좋아하셨다. 부하장수가 보고를 하러 한산도 본영으로 오면 그냥 돌려보내지를 않으셨다. 한 잔 마시는 것이었다. 그것도 대취할 때까지. '한번은 전라 우수사 이억기가 보고하러 와서 같이 마시다가 너무 술이 취해 대청마루에 드러누워 하룻밤을 자고 떠났다'고 『난중일기』에 씌어 있다."[2]

안세영 교수가 분석한 바에 따르면 이순신 장군이 『난중일기』를 쓴 7년 동안 제일 많은 30% 시간을 활 쏘는데 보냈다고 한다. 두 번째로 많은 시간, 즉 24%는 부대 관리와 교육 훈련에 시간을 보냈다고….

그럼 나머지 시간엔 도대체 뭘 했을까.

참고로 18% 시간을 술 마시는 데 쓰셨다고 한다. 그러니 28%가 장군이 아닌 개인의 시간으로 남는 셈이다. 잠자고, 식사하고 일기를 적고, 소·대변을 우수리 시간을 이용해 해결하는, 그야말로 생리적 욕구에 여가 시간을 썼을 거다.

▲ 난중일기

이순신 장군의 시간 활용표

100(%)	24H	주요업무
30	7.2	활쏘기
24	5.76	부대 관리(교육)
18	4.32	술좌석
28	6.72	취침 및 여가

장군의 하루하루를 분석해보면 오늘날 기업의 최고경영자CEO 와 하등 다름없는 모습이다. 술좌석에 꽤 많은 시간(4H)을 투자한 이 유에 대해 안세영 교수는 이렇게 분석한다.

"전 수군 5,000여 명 회식 기록이 『난중일기』에 자주 나온다. 말하 자면 부하 장병과의 술좌석이 상하 간에 의사소통을 원활히 하고 군의 사기를 높이며 리더십을 확보하는 수단으로 사용하신 것이 다."[3]

일사불란한 통솔력(리더십)으로 해전(임진왜란)에서 장군이 승리 할 수 있었던 비결의 핵심에는 '술酒'이 한 몫 단단히 차지했다. 활쏘 기와 부대 관리에 온통 집중하고 전념하는 것으로 문제는 해결되지 않는다.

　　장군은 상하 간에 의사소통(커뮤니케이션)을 원활히 하고자 술을 마신 것이다. 전쟁의 와중에 노심초사 술좌석을 애써 마련하는 이순신 장군의 리더십은 이른바 사기士氣 진작을 위해서다. 그러니 사기社氣 진작을 위해서 회식문화에 최고경영자CEO가 얼마나 시간을 쓰고 있는지도 더러 반성해 볼 일이다.

▲ 충무공 이순신 영정도

　　커뮤니케이션이 안 된다고 부하 직원들에게 나무라듯 호통만 칠 일이 아니라 술잔을 기울이는 시간을 한 달에 단 한 번이라도 갖고자 노력했는지, 경영자여 바쁜 마음(忙)을 챙겨야 한다. 마음(心)이 없기(亡) 때문에 바쁜 것이다(忙). 힘들고 스케줄이 어지럽고 분주한 거다. 또 일의 성과가 없는 거다.

　　분위기를 바꾸고 싶은가? 바꿀 수 있는 역전의 기회는 술酒에게서 나온다. 해서 '술술술 풀린다'고 말하는 거다.

　　상상해보라. 이순신 장군과 병사들이 함께한 술좌석의 명장면을…. 그러다가 작가 김형경의 『좋은 이별』이란 에세이집을 읽고 좋아 내 무릎을 내가 친 적이 있다. '몸을 안아주기, 몸을 쓰다듬기'가 그것이다.

"고통을 견디려면 하루 세 번 포옹하고, 아픔을 치유하려면 하루 다섯 번, 마음이 성숙해지려면 하루 여덟 번 포옹하라"는 말이 있다. 사람들과 손을 잡거나 안아주면서 신체적 접촉의 치유 효과를 느껴본다. 친밀한 사람과 가까이 앉아 그들의 사랑 에너지를 느껴본다.[4]

내가 만약, 영화를 만들거나 드라마로 이순신 장군의 모습을 감독으로서 그릴 수만 있다면, 나는 병사와 함께 하는 술좌석에서 장군이 병사와 자주 포옹하는 장면을 꼭 넣고야 말거다. 이순신 장군이 병사들과 술을 자주 마신 이유가 무엇인가. 그들에게 사랑 에너지를 느낄 수 있도록 사기를 충전하여 진작하고자 의도해서가 아닐까.

생각해보자. 장군과 병사들의 생각, 행동, 의지 따위의 에너지가 완전히 하나가 되지 않고서는 임진왜란은 조선이 이길 수 없는 해전이었다. 전함을 건조하고 화포와 화약을 준비했으며 활쏘기로 군사 훈련을 거듭했기 때문에 조선의 수군이 장악할 수 있었던 것이라고 피상적으로 지나간 역사를 분석한다면 당신은 위대한 리더, 훌륭한 경영자가 될 수 없다.

대신 혼연일체渾然一體로 승리하는 이순신 장군의 리더십 핵심에 '술酒좌석'이 있었다, 라는 것을 받아들이고 이를 배우고자 노력하며 실천한다면 누구나 위대한 리더, 훌륭한 최고경영자CEO가 될 수 있다고 감히 확신할 수 있다.

"해전은 하지 마라."[5]

이 말은 임진왜란 당시 도요토미 히데요시 입에서 나온다. 대하 역사만화 『박시백의 조선왕조실록 10편-조선엔 이순신이 있었다』는 해전을 했다 하면 백전백패, 그렇다고 보급로를 포기할 수도 없는 상황에 이르러 분개하는 히데요시의 모습이 그려지고 있다. 작가의 기발한 상상력이 펼쳐낸 히데요시의 그림은 정말 압권이다.

술酒로 인생과 비즈니스 모두 술술 풀린다고 주장하니 일종의 자기계발 산업을 부추기는 또 하나의 미신에 불과하다고 독자들은 혹독하게 나를 비판하려 들지도 모른다. 그래서 드리는 부탁의 말 하나이다.

"순식간에 결과를 얻길 바라지 마세요. 또 원하는 것을 안 하던 술을 한다고 해서 당장 끌어낼 수는 없는 법입니다. 하지만 이순신 장군처럼 술좌석을 할 줄 안다면 당신은 틀림없이 의도한 바를 성공으로 이루어 낼 겁니다. 믿어도 좋습니다."

유비의 28세

세상에 하찮은 재주란 없다. 다만 자신의 재주를 '하찮은 것'으로 소홀히 대하고 심지어 내버려두기 때문에 크게 성공하지 못하는 것뿐이다.

소설 『삼국지』를 모르는 사람이 있는가. 설사 있다 하더라도 도원결의로 유명한 유비·관우·장비 이름을 들어본 적 없거나 아예 모를 리가 없다. 2009년 국내 베스트셀러에 오른 『왼손에는 사기, 오른손에는 삼국지를 들어라』는 정말 기막힌 제목을 단 책[1]에 따르면 유비의 인물평은 보통사람과 크게 다를 바 없다. '그는 당시 유명한 거유巨儒였던 노식盧植의 문하에서 학문을 배웠다. 그러나 그는 공부를 별로 좋아하지 않았다. 그저 개나 말, 음악, 화려하고 아름다운

옷만 좋아했다'[2]고 소개될 뿐이다. 또 '유비는 원래 돗자리를 짜고 신발을 팔던 하찮은 인물이었다'[3]는 식으로 아주 무시하는 듯한 발언의 노골적인 내용도 있어서 읽으면서 민망했던 기억도 난다.

그렇다면 돗자리 장사꾼 유비, 서당 선생 관우, 푸줏간 주인 장비는 어떻게 해서 성공했을까, 실로 그 정체가 궁금하지 않은가.

오늘날 경제로 해석하면 유비는 한 기업의 오너이자 최고경영자 CEO이고, 관우와 장비는 막강한 힘을 가진 기업의 주주이자 이사가 되었다고 봐야지 마땅할 것이다. 즉, 나름 자기 계발에 성공한 케이스이다.

▲ 삼국지연의

다음은 나관중의 『삼국지』(황석영 옮김)에 등장하는 대목이다. 내용을 간추리면 이러하다.

'유주 태수 유언이 방문을 붙여 의병을 모집할 때, 현덕(유비)의 나이는 이미 28살이었다. 현덕이 거리에 붙은 방문을 보고 세상 돌아가는 꼴에 저도 모르게 길게 한숨을 쉬며 탄식하는데, 누군가 등뒤에서 소리를 버럭 지른다.'

"사내대장부가 나라를 위해서 힘을 내려고는 하지 않고 어째서 긴 한숨만 쉬고 있단 말이오?"

현덕이 고개를 돌려 보니 젊은 사람이 분명한데, 키는 8척이요 머리는 표범 같고, 두 눈은 부리부리한 고리눈, 제비턱에 범의 수염으로 목소리는 우레 같고, 그 기상은 마치 달리는 말과 같았다. 현덕은 이 젊은이가 보통사람이 아니라는 것을 대번에 알아보고는 예를 갖추어 물었다.

"귀공은 뉘시오?"

"나는 장비張飛라는 사람으로 자는 익덕翼德이오. 대대로 탁군에 장원과 토지를 가지고 살면서 술을 팔고 도야지 잡아 지내오거니와, 천하 호걸들과 사귀기를 좋아하는 터에 노형이 방문을 보고 한숨 짓기에 내가 한마디 물어본 게요."[4]

28살의 유비는 도원결의로 아우가 되는 장비가 보기에도 하찮은 인물이고 평범하기 그지없었던 사람이었다. 다만 한 가지 잘한 게 있다. 유비는 기꺼이 사람들과 어울렸다. 그리고 몇 잔 술을 나누는 것에 선뜻 동참했다. 이 점을 새삼 말하지 않을 수 없다.

▲ 유비, 관우, 장비의 도원결의

여기서 나는, 이렇게 말하고자 한다. 자기계발의 성장과 진화에는 반드시 '술酒'이 필요하다고 말이다. 그렇기 때문에 인생과 비즈니스의 꼬이고 막혔던 문제는 술酒에서 실마리가 해결된다고. 술에서 뜻밖의 기회가 온다고 말이다.

장비의 장원. 그 뒤에 복숭아 동산에 한창 꽃이 만발할 때 유비,

관우, 장비 세 사람은 이른바 '도원결의'를 맺는다. 그러고는 '한껏 술을 마셔 모두 취했다'⁵고 한다. 그들 셋은 왜 밤새도록 술을 마셨던 것일까?

어제와 오늘이 합쳐진 이틀 동안, 그러니까 '밤새'는 밤과 새벽 사이의 시간을 뜻한다. 추측건대 그것은 지난 과거를 돌아보고 미래를 설계하고자 수많은 이야기를 나누기(커뮤니케이션) 위해서 '대작對酌'한 것이라고.

대작이란 무엇을 말하나. 대화가 있는 술자리를 의미함이다. 서로의 이야기가 소통하지 못하는 술자리는 있으나 마나다. 이 점에서 삼류와 일류의 차이가 생겨난다.

삼류는 홀짝홀짝 술만 마실 뿐이다. 그러나 이류나 일류는 다르다. 홀짝홀짝 술만 마시지는 않는다. 무릇 꽃 피는 대화가 있어서다. 그뿐만 아니다. 협상과 정보 등이 오간다. 이게 삼류와 일류의 극명한 차이점이다.

삼류처럼 과거를 회상하고 한탄하는 것에 술 마심의 목적이 되어서는 안 된다. 과거를 운운하는 사람치고 잘 나가는 사람은 없다. 내일을 위하고 협상을 위해서 또 막힌 부분을 뚫는 소통을 하고자 술을 마셔야 한다. 그렇게 마심은 제대로 된 옳은 방향이다. 유비, 관우, 장비가 그랬던 것처럼. 일류는 미래설계를 위해서 밤새도록 술을 마시는 것이다.

풍부한 사례를 통해 모든 사회에 통용되는 부富의 법칙을 증명

함으로써 부가 인간과 사회에 어떤 영향을 미치는지를 흥미롭게 파헤친 책이 있다. 『부의 8법칙』이 그것이다. 저자인 독일 함부르크 출생의 페터 노일링은 '미래설계'를 이렇게 설명한다.

> 가난한 사람들은 하루하루 어떻게 살아갈지가 우선이다. 하루하루 먹는 것에 걱정이 없고, 급박한 문제에 시달리지 않으면서 여유 자산을 가진 사람만이 내일을 생각하고 계획하며 행동할 수 있다. 경제학에서는 이를 "재화 조달이 증가할수록 현재재의 추가 효용은 상대적으로 감소하고 미래재의 추가 효용은 상대적으로 증가한다."고 표현한다. 이는 또 이렇게 표현할 수 있다. 돈을 잘 버는 사람은 자산을 어떻게 배분할 것인가를 선택할 때 저축이나 직업적 자질 향상과 같은 미래재를 선택하는 빈도가 높아진다. 그와 함께 자신의 개인적인 생활환경을 벗어나 미래 설계에 관심을 갖는 사람들의 수도 상대적으로 증가한다.[6]

하루하루 먹는 것에 걱정이 없고, 급박한 문제에 시달리지 않으면서 여유 자산을 가진 사람만이 내일을 계획하며 행동한다. 이 때문에 더더욱 부를 창출할 수 있다. 하지만 조금 더 깊이 생각해보면 반드시 그런 것만은 아니라는 생각이 꼬리에 꼬리를 물 것이다. 하여 나는 고백한다. 아무리 어렵고 고통스럽고 힘들더라도 자신의 개인적인 생활환경을 벗어나는 계기를 마련하기 위해서라도 '의도적인 설정', 즉 '술자리'를 갖는 것이 필요하다고 말이다. 인생과 비즈니스를 술술 풀기 위해서다.

술자리를 가지면 자연 미래설계에 관심을 가질 수 있다. 그러나 술을 마시되 과거에만 매달려 있다면 절대로 부자가 되거나 승자가 될 수 없다. 그렇기 때문에 우리는 술을 마셔도 미래에 대한 설계를 할 수 있는 생각을 키우거나 대화를 하도록 노력할 필요가 있다.

됨됨이가 보이는 자리

어느 사장의 이야기다. 그의 성공은 한마디로 무에서 유를 창조한 자수성가自手成家다. 큰 외식업소를 경영하는 그는 자기 사람을 쓸 때, 꼭 몇 군데 술집을 전전한다.

이유는 간단하다. 사람됨을 알기 위해서다. 술자리에서 인물됨이 제대로 파악이 된다고 그런다.

『삼국지』의 유비, 관우, 장비가 도원결의를 맺으면서 밤새 술을 나눠 마신 까닭이 무엇인가. 단지 의형제가 된 것을 축하함인가, 아니면 우애를 다짐하기 위해서? 이것만이 전부가 아니다. 상대를(형과 아우로서 상대가 될 만한 그릇인지?) 심층면접하기 위해서다.

한 잔 술을 나누자. 그러면 전혀 몰랐던 상대의 장점이 크게 보이기 시작한다. 아니면 반대로 몰랐던 단점이 크게 보일지도 모르겠다.

한 잔 더 하자. 그렇게 술을 계속 더하면 크게 보였던 상대의 단점이 작게 보일 수도 있다. 이러면 나 자신이 상대를 품을 수 있는 그릇이 되었다는 것이다.

그러니 면접 현장을 한 장소로 국한할 필요가 없다. 장소를 바꾸자. 상식을 파괴해 장소를 술집으로 바꾸자. 그러면 내가 최고경영자CEO로서 제대로 된 내 임원을, 내 사람을 쓸 수 있다.

면접이란 상대의 장점을 주로 보되 단점은 적게 보려고 노력할 때 빛나는 것이다. 미국의 석유왕 존 록펠러는 "경영이란 보통 사람들을 최고로 능력 있는 사람들처럼 일하게 만드는 것이다"는 명언을 남긴 바 있다.

뛰어난 인재는 없다. 최고경영자CEO가 뛰어나게끔 환경을 만드는 것이다. 보통 사람들을 최고로 능력 있는 사람들처럼 일하게 만드는 리더십과 용인술이 필요한데 그러기 위해서는 상대의 장점을 주로 보고 활용하되 단점은 적게 보고자 해야 한다.

최우석 前 삼성경제연구소 부회장이 쓴 『삼국지 경영학』(을유문화사)에 등장하는 손권의 용인술도 석유왕 존 록펠러의 주장과 하등 다를 바 없다.

손권은 부하의 장점을 주로 보고 단점은 적게 보려 했다. 그래서 신하가 잘한 것은 많이 칭찬했지만 불만스럽거나 섭섭한 것은 가슴

깊이 묻어 두었다. 그래서 모두가 손권으로부터 신뢰받는다고 믿게 했다. 최고경영자CEO로서 큰 능력이고 뛰어난 용인술이다.[1]

경영을 잘하는 비결은 사람을 잘 다루는 기술인 용인술에 있다. 요컨대 보통 사람들을 최고로 능력 있는 사람들처럼 일하게 만드는 것이 성공하는 경영의 비밀이다. 이 밑바탕에는 손권이 취한 바 있는 '신뢰'라는 자산이 꼭 들어 있다.

알고 보면 위대한 기업의 숨겨진 핵심자산은 단지 돈만이 전부가 아니었다. 조직 구성원의 열정, 헌신과 같은 감정들이 하나의 긍정적인 정서 덕목으로 뭉친 '신뢰'에서 비롯된 것이 대부분이다. 이를 다르게 '정서자본Emotional Capital'[2]이라고 한다. 신뢰가  조직 내부에 구축되고 침투되어 용해되는, 즉 맥킨지 식으로 말하자면 '7S 모델'로 설명할 수 있는 기업의 성공전략 및 문화를 만드는 것이 성패의 관건인 셈이다.

'7S'란 Strategy(전략), Structure(구조), Style(스타일), System(시스템), Skill(기술), Staff(인력), Shared Value(공유가치)를 말한다. 사람과 사람 사이에는 '신뢰'라는 단단한 정서자본의 끈이 필요하다. 이게 없다면 종업원들은 걱정 때문에 기업에 마냥 충성할 수 없다. 기업企業의 '기企'라는 한자는 그것을 의미한다. 사람人의 걱정과 근심을 덜어내고 불식시키는 힘 즉, '그침止'의 정서가 필요하다. 바로 '신

뢰'이다. 이 신뢰를 바탕으로 한 정서자본이 기업의 숨겨진 핵심자산
이 되어야 한다. 그럴 때, 기업은 지속경영이 가능해지고 성공신화가
가능하다.

다시 유비에 대해 말해 보자. 『삼국지 경영학』에는 이렇게 씌어
져 있다.

> 유비는 고향(탁군)에서 의용군에 참가하게 되는데 이때 관우·장비
> 와 더불어 유비의 이름이 처음 역사에 등장한다.
> 유비의 평생을 보면 신기하게도 도와주는 사람이 많다. 필요할 땐
> 꼭 누군가 나서서 도와준다. 강제한 것도 아닌데 유비를 보고 흔쾌
> 히 돕는다. 그때 유비는 정말 별 볼일이 없어 장래에 대한 투자라고
> 보기는 어렵다. 하늘이 준 복이라고 할 수밖에 없다.[3]

이를 보면서 나는 '승자와 패자의 차이'가 구체적으로 무엇인지
크게 깨달은 적이 있다. 그러고는 이것을 나의 책, 즉 『영화, 경영과
마케팅에 빠지다』에 이렇게 정리해 놓았다.

> 패자는 혼자서 싸운다. 그러기에 결국엔 진다. 그러나 승자는 도와
> 주는 손으로 싸운다. 그러기에 결국엔 이기는 것이다.[4]

예컨대 이안 감독의 '와호장룡'이란 영화를 가지고 이미 소개했

던 바다. 영화 속 주인공 리무바이(주윤발)는 승자로 그려졌다. 반면 용(장쯔이)은 패자로 그려졌다. 용을 도와주는 사람이 영화에는 별로 없었다.

이 영화의 명장면 '대나무 숲의 결투'를 기억한다면 왜 대나무가 리무바이를 돕고, 왜 대나무조차 용을 거부하는 것인지 어렵지 않게 알게 될 것이다. 요컨대 '도와주는 손'이 없다면 혼자 힘으로 성공할 수 없다.

기업이 승자가 되는 이유에는 어떻게든 '도와주는 사람'이 많았던 덕택이다. 반면 기업이 갑작스레 패자로 전락하는 이유에는 '도와주는 사람'이 적어졌기 때문이다. '도와주는 사람'이 있고, 없고의 간단한 차이에서 승패가 비롯되는 것이다. 영화만의 국한된 이야기가 아니다. 수많은 기업 현장과 창업 실전에도 예외 없이 통한다.

유비의 성공을 보자. 그의 성공은 간단히 말하자면 필요할 땐 꼭 누군가 나서서 '도와준 사람'이 주변에 있었기 때문이라고 말할 수 있다.

『내 인생에 가장 값비싼 MIT MBA 강의노트』(원앤원북스)에는 이른바 알파벳 P로 시작되는 세 개의 영어 단어가 인상적으로 나온다. 'put, people, profit'이 그것이다. 문장으로 연결하면 이렇게 된다.

"Put people above profit."

"사람을 이익보다 위에 놓으라"는 의미다. 승자는 항상

'사람People'을 선택한다. 반면 패자는 '수익Profit'을 사람보다 먼저 선택한다.

자수성가한 대형음식점 사장이 자기 돈을 쓰면서 이집으로 저집으로 술집을 전전하며 자기사람을 면접하고자 하는 이유에는 인재를 잘 살피기 위해서다. 술酒을 통해 자기와 정서가 통하면 그 사람을 채용해 쓰겠지만 술을 통해 정서가 맞지 않다면 그 사람을 채용해 쓰지는 않을 것이다. 경영이란 백번이고 사람에게 투자하는 것이 맞다.

이문원 스타일

누가 그랬던가. 술은 술집에서 먹어야 맛이고, 밥은 밥집에서 먹어야 맛이라고…. 그런데 요새는 개판이라지. 술집에서 밥 찾고, 밥집에서 술 찾으니 말이다. 옛사람[1]이 이르기를 "신시申時 이후에는 밥을 먹지 말며 묘시卯時에는 술을 마시지 말아야 한다"고 충고했다.

신시는 십이시의 아홉째 시로 오후 세 시에서 다섯 시 까지를 의미한다. 76세까지 장수한 사람의 얘기이고 보면 허투루 들리진 않는다.

묘시는 십이시의 넷째 시로 새벽 다섯 시에서 일곱 시를 가리킨다. 이는 술 마시는 적당한 때가 아니다. 그러므로 때를 조심하란다.

점심을 놓치고 오후 3시와 5시 사이에는 밥을 먹지 말고, 저녁에 친구들과 만나 술을 마시게 되더라도 다음날 새벽 5시 이후로 더는 시간을 연장하지 말라는 가르침이다. 가르침을 주신 분이 글쎄 선조 때 영의정을 지낸 분이시니…. 실속 없이 헛된 빈말은 아닐 게다.

조선 14대 왕은 선조다. 다음, 한참 뒤로 21대 왕이 영조다. 이 시절에 배운 바는 무식했으나 판서 벼슬을 지낸 이문원(李文源, 1740~1794)이란 옛사람이 살았다고 전한다.

이공은 명문가의 자제였으나 공부를 잘 하지는 못했다. 그가 벼슬(한림직각)에 있었을 때다. 친구들이 불학무식을 이유로 시회詩會를 여는 술자리에 이문원을 무시하고 따돌렸더랬다. 오늘날로 말하자면, '왕따'를 당한 셈이다. 이를 어쩔거나….

하지만 다행이 이 양반은 술 좀 꽤 했다. 그래서일까 바보처럼 쉽게 포기하고 물러서지 않았다.

왜? 누구[2] 말대로 '밀리면 끝장이다'라고 생각했기 때문이었다. 그래서다. 이 장면이 영화처럼 그려지니 하하하, 나도 모르게 그만 웃음보가 터진다. 이 이야기는 이상희 전 내무부장관이 쓴 책[3]에 나온다. '무식한 판서의 술의 기담'이 그 출처이다.

그는 천성이 호방하여 조금도 어디에 구애됨이 없이 한평생을 분방호쾌하게 살았다. 이문원은 어려서 장난이 너무 심하여 공부를 제대로 하지 않았다. (중략) 그의 친구들은 불학무식을 이유로 그를 경멸하고 경원시하였다.

시회를 여는 일이 있으면 의식적으로 그를 따돌리곤 하였다. 어느 해 봄 춘당대에서 화연시회가 있었다. 다른 사람들은 모두 초청을 받았으나 이문원만 따돌렸다. 이문원은 춘당대로 갔으나 모두 과히 반가워하지 않는 기색이었다. 그러나 이문원은 그런 분위기에 별로 관계하지 아니하고 만취가 되도록 술만 마셨다. 벗들은 한두 잔 술이 들어간 후 거나해지자 종이에 붓을 들고 시를 짓느라고 끙끙거리고 있었다. 그는 선비들이 운자를 놓고 노심초사하고 있는 판에 크게 소리쳐 "이 좋은 시회에 와서 술만 얻어먹고 쓰겠느냐. 나도 어디 육도풍월(肉跳風月·글자의 뜻을 잘못 써서 보기 어렵고 가치가 없는 한시를 의미한다)이라도 한 수 지어 보자"라고 하며 운자를 따라 단숨에 시를 내려 적었다.

시를 소개하자면 이렇다.

李花桃花杏花開
오얏꽃, 복숭아꽃, 살구꽃이 피었는데

參議參判判書來
참의와 참판과 판서 들이 모였구나.

蕩春臺上春正好
봄이 무르익은 탕춘대 위에서

一盃一配復一盃
한 잔 한 잔 또 한 잔 취하도록 먹어 보세.

좌중은 '모두 아연실색할 뿐이었다'고 전한다.

이렇듯 술酒이란 때와 장소에 따른 술述로 힘이 나타나기도 한다. 만약에 이문원이 평소에 술을 좋아하지 않았더라면 시회에 초대받지 않고서 뻔뻔하게 갈 수 있었을까.

그렇지 못했을 거다. 가지도 않았거니와 시회에서 종이에 붓을 들고 끙끙거렸던 참의참판판서 등을 놀라게 만든 육도풍월의 한시로서 멋지게 복수하진 못했을 거다.

술술酒術의 힘은 이처럼 놀랍다. 그리고 무엇보다 배고픔을 면하게 하며 배짱을 키우도록 만든다. 그뿐인가. 답답한 심정의 막힘을 뚫는다. 그리고 시적 상상력을 발휘한다.

이문원은 무식했지만 평소 술술酒術을 가까이 했다. 그랬기에 오늘날로 말하면 장관 지위에 해당하는 판서判書 벼슬에 당당히 올랐던 거다. 성공한 남자요 행복한 남자다.

"자신이 하고 싶다고 생각하는 것을 만족하게 해낼 조건을 갖춘 사람이라면 세상이 어떤 평가를 하든 행복한 남자다."[4]

소설가 시오노 나나미가 한 말이다. 내 보기엔 이문원이란 옛사람이 그랬다.

옛사람 이문원 스타일은 남자다움의 매력이 무엇인지 우리에게 잘 가르치고 있다. 이걸 알아야 성공한 남자이고 행복한 남자가 될 터.

남자들이여! 특히 마흔 살 이상의 남자들이 불행한 이유를 아시는가? 소설가 시오노 나나미는 줏대 없는 흔들림을 단적으로 말한 것이다. 서른이 지나고 마흔이 되어서도 '자신이 나아갈 길을 찾지 못한 것'[5]을 지적했다. 술 마시고 싶으면 언제든 마시면 될 일이다. 왜? 마누라, 자식 눈치 보는가. 직장 상사의 눈치도 보지 말자.

'내 남자를 보통이 아닌 남자로 개조할 수 없을까?'

"있다!"

무언가? 그것은 '술酒'이다!

술은 보통의 남자를 보통이 아닌 남자로 개조할 수 있도록 힘써 돕는다. 연암 박지원 선생을 모르는 사람이 있는가. 이 사람이 어디 보통 남자인가. 이 남자의 마누라도 매일 막걸리를 준비했다고 한다. 전설처럼 전해지는 유명한 이야기다.

붉은 대추 한 알에 태풍이 몇 개?

나도 'BMW족'이다. 주로 버스Bus나 자전거Bicycle, 어쩌다가 지하철 Metro을 이용한다. 그리고 점심에 가끔은 서대문에서 광화문으로, 종로3가에서 청계천을 실없이 걷고Walk 서대문으로 돌아온다.

서대문에서 양재동으로 퇴근할 때다. 버스에서 강남 교보빌딩과 자주 마주친다. 커다란 글판에 실린 시詩를 읽는 재미가 약간 저릿하다. 쏠쏠해서다. 장석주 시인의 '대추 한 알'은 이렇게 말했다. 아니다. 박았다, 예쁘게.

대추 한 알

저절로 붉어질 리는 없다
저 안에 태풍 몇 개
저 안에 천둥 몇 개
저 안에 벼락 몇 개
…

몇 번을 읽고 또 읽어도 질리지가 않는 시詩다. 매일매일 감탄이 절로 나온다. (빠진) 시의 뒷부분을 소개하면 이렇다.

'다른 사람의 말과 다른 사람의 따뜻한 손을 바깥으로 내다 버리는 사람이 있게 마련이다. 그러나 당신과 나는 무릇 동근同根이다. 우리는 서로 상입相入하여 있다. 나와 다른 것을 묵살하지 말아다오. 서로의 이마를 짚어다오. 신열을 식혀다오. 지금 내 가슴이 뛰는 소리는 당신의 무서리와 땡볕과 초승달이 빚어낸 것이다. 나 홀로 만든 것이라고 큰소리로 장담하지 말아다오.'[1]

저절로 성공될 리는 없다. 그 사람만 아는, 남들은 모르는 원인과 결과가 몇 개는 반드시 있기 때문이다. 그럼에도 승자는 자만하지 않는다. '이게'와 같이 가까이 동일한 주체로 까불지 않고, '저게'와 같이 멀리멀리 곁을 두며 객관화하는 것이다. '나 홀로 만든 것이라고 큰소리로 장담하지 말아다오'라는 식으로 일하는 것이다. 이 방법을 알기에 마침내 나로부터 이길 수 있으며 궁극엔 승리하는 거다.

또 '147,805 법칙'이 있다. 곁에 두고 살짝 꺼내보는 경영자의 필독서라는 문구가 유혹적인 최고경영자CEO의 오늘을 바꾼다는, 그 유명한 책 『수중혜手中慧』에 나온다. 책에 따르면 '에디슨이 전구를 발명하기까지 147번, 라이트 형제는 비행에 성공하기까지 무려 805번 실패했다는 데서 비롯된 법칙'[2]이라고 한다.

대추 한 알도 붉어지기 위해서 몇 밤을 파랗게 실패할 줄 아는데 하루나 이틀을 참지 못하고, 실패했다고 해서 나는 너에게, 너는 나에게 '남'이 되어서야 어디 쓰겠는가.

몇 번도 아니고 단 한 번만 참아도 '남(타인의 관계)'도 '님(애인의 관계)'이 되는 게 세상 이치다. 남이란 글자와 님이란 글자의 차이를 자세히 살펴라. 그러면 자연 알게 된다.

어째서 옛날의 부부는 일심동체라고 했을까.

이를 산수로 풀자면 '1+1=0'이 된다. 부부란 생판 몰랐던 남남이 만나서 모난 것들을 감싸주고 포용하듯 '서로 둥글어지면서' 부부(님님)가 되는 거다. 가족이란 남이 아니라 서로에게 님이 된다.

그러나 오늘날엔 사정이 많이 달라졌다. 보통 사람들은 '1+1=2'라고 답한다. 이러면 세상을 상식대로 사는 거다. 해서 인생이 핑크

빛이 되지 않고 식상한 거다. 40~50대 부부가 주로 그렇다. 그러나 내 보기엔 20~30대 부부는 다르다. 참 많이도 약게 살 줄 안다. 왜냐고 묻는가. 그렇다면 이렇게 답할 것이다.

그들은 적어도 연애에서 결혼하기 전에 이미 '1+1=3'인 걸 체득하고 있기 때문이라고. 둘이 아니라 셋(혼전 임신)으로 이미 부부를 넘어 가족으로 확대를 선언하기 때문이다.

스티븐 레빗이 지은 『슈퍼 괴짜 경제학』(웅진지식하우스)에 따르면 미국의 매춘녀 수입이 자꾸 줄어든다고 한다. 이렇듯 매춘부를 위협하는 가장 큰 경쟁 상대는 곧 '일반 여성'들이라는 것인데…. '혼전 섹스와 임신'이 과거에 비해 훨씬 늘어났기 때문이다. 틀린 말이 아니다. 한국도 아주 다를 바 없다. 책은 '수십 년 전만 해도 미국 남성 중 20%가 매춘부와 첫 경험을 한 데 비해 요즘은 5%로 줄었다'고 전한다. 이쯤 되면 혼전 섹스가 매춘의 대체물이 된 셈.

어느 날, 강의 중에 최고경영자CEO들에게 물었다. '1+1=?'이 뭐냐고 말이다. 그랬더니 역시 기대 이상의 답변이 쏟아졌다. 40명 중에 몇 사람만 빼놓고는 '3 이상'이라고 답변했다. 사장과 종업원, 설사 처음엔 둘(1+1)로 비즈니스가 시작되더라도 고정비와 경상비를 빼고, 최소한 '인건비에서 한 사람 몫이 더 나와야 한다'는 강력한 의지와 주장이 속내 밑바탕에 깔린 계산(=3)일 터.

정답은 없다. 그러나 비즈니스도 결혼이나 마찬가지다. 1+1=2가 답이면 곤란하기 때문이다. 적어도 3 이상이 되어야 해서다. 잘 아는 가까운 최고경영자CEO에게 농담 식으로 물었다. 그랬더니 경영은 숫자로 '1+1=11'이 나와야 한다고 답했다.

속담에 "머슴은 일로 주인을 잡고, 주인은 밥으로 머슴을 잡으랬다" 했으니 이왕이면 밥(연봉)을 꼬박꼬박 챙겨주는 것은 물론이거니와 듬뿍듬뿍 담아주는 사장이나 오너가 예뻐 보이는 게 당연하다.

"왜 저 사람이 잘 나가는 걸까?"

그가 연봉이 나보다 높다고 부러운가? 그가 저절로 그렇게 됐다고 생각하는가? 그가 그렇게 되기 위해서 대추 한 알처럼 얼마나 많은 실패와 좌절을 겪었을까, 역지사지 입장에서 헤아려는 보았는가.

요기로 술을 먹으면 요술이 되고, 맛으로 먹으면 마술이 된다는 게 '술酒'이라고 한다. 없던 기운氣을 높여준다高 해서 '고기高氣'라고 세상에서 말하듯 실패의 문제를 술술 풀어준다고 해서 '술'이고, 그 기술Skill을 배울 수 있는 장소Place라고 긍정해서 '술집'이라고 부르는 거다.

술집에 가면 배울 수 있다.

왜 저 사람이 잘 나가는 것인지를. 술은 평소에 과묵한 사람도 말을 많이 하게 만들기 때문이다. '성공한, 그 사람 안에 실패가 몇 개인지?'를 알 수 있고, 그 사람의 가슴이 뛰는 소리를 들을 수 있다. 밤새도록 취한다면 성공의 비밀을 몇 개는 건지고 캐낼 수도 있다.

아주 작고 사소한 몇 개가, 결국에는 승자와 패자를 가르는 단지의 '차이'라는 것도 알게 될 것이다. '147,805 법칙'을 명함 뒷면에 적어 놓고 수시로 꺼내 볼 일이다.

CEO, 詩理悟

누구든지 술酒을 마시면 시이오CEO가 될 수 있다고 생각한다. CEO 란 다르게 말해서 '詩理悟'(시에서 경영의 이치를 깨닫는다는 뜻)로도 적을 수 있어서다. 이처럼 '詩理悟'로 성공한 세계적인 인물이 있다. 애플의 스티브 잡스가 꼭 그러하다. 이에 대해 시인이자 문학박사인 황인원 경기대 교수는 명저 『시에서 아이디어를 얻다』에 이렇게 소개한 바 있다.

우리가 잘 아는 애플의 최고경영자CEO 스티브 잡스는 시집을 곁에 두고 수시로 시를 읽는다. 스티브 잡스뿐만 아니다. 세계적인 기업의 리더 중에 시를 즐겨 읽는 이들이 많다. 한 기업의 운명을 손에 쥐고 있는 이들이 시간이 남아돌아서 시집을 펼쳐드는 것은 아닐 것이다. 바쁘기로 치면 둘째가라면 서러울 세계적인 최고경영자CEO들이 '돈 안 되는 시'를 읽는 이유는 무엇일까?

시를 읽으면서 다양한 아이디어와 상상력을 만나기 위함이다. 아이디어와 상상력을 만나는 것으로 끝나는 게 아니라 이를 활용해 자신의 기업이나 삶의 경영(자신의 삶도 철저하게 경영하지 않으면 결코 살아남지 못하는 세상이다)에 활용하기 위함이다. (중략) 나는 기자생활을 오래 하면서 최고경영자CEO를 인터뷰할 기회가 많았다. 그들과 깊은 이야기를 나누면서 시인이 시를 창작하는 방법과 최고경영자CEO가 비즈니스를 풀어가는 과정이 비슷하다는 사실을 알게 되었다. 시와 경영은 같은 상상력의 산물인 것이다. [1]

'시와 경영은 같은 상상력의 산물'이라는 지적이 내 마음에 와 닿는다. 그런 의미에서 상상력을 돕는 게 나는 '술酒의 힘'이라고 본다.

태백太白이라는 이백(李白, 701~762)의 이야기부터 하자. 역사적으로 술 마신 자는 많다. 그러나 그 이름을 후세에 남긴 이는 극히 드물다. 한 백과사전에 따르면 '술酒은 생애를 통하여 이백의 문학과 철학의 원천이었다'고 분석한다.

이백이라는 인물이 누구인가. 내가 아는 한 그는 생애를 일관되게 '술酒술述술術'로 치열하

▲ 이태백의 월하독작

게 살았던 명사다. 그리고 삼류가 아닌 일류가 맞다. 한마디로 고수高手다.

그는 술酒을 매우 즐겼다. 왜일까?

술酒이야말로 감정을 흥興겹게 만들고 시적 상상력을 돕기 때문이다. 그리하여 자연이 놀라고 영혼도 감동시키는 시상詩想이 떠오르는 것이다.

이백의 후배쯤 되는 중국의 천재시인 두보(712~770)를 기억할 것이다. 그도 인정했다. '필락경풍우筆落驚風雨, 시성읍귀신詩成泣鬼神'이라고 말이다. 말하자면 이백의 '(시를 적는) 붓끝에서 비바람(자연)이 살아나 놀라고, 시가 완성되니 죽었던 귀신(영혼)도 울게 했다'는 뭐, 그런 뜻의 이야기다. 이는 두보가 지은 '기이십이백이십운寄李十二白二十韻'이라는 한시에 등장한다.

昔年有狂客 (석년유광객)
석년에 광객(하지장)이 있었는데

號爾謫仙人 (호이적선인)
당신을 적선(하늘에서 땅으로 귀양 온 신선)이라고 비유했지요.

筆落驚風雨 (필락경풍우)
(술 마시고) 붓을 들었다 하면 붓끝에서 비바람이 살아나 놀라고

詩成泣鬼神 (시성읍귀신)
시가 완성되면 (무릇 깨닫는 바 있어) 귀신도 울었다지요.

　이백의 놀라운 점은 혼자서 술을 마신 것이 아니라 늘상 여럿
과 함께 술자리를 했다는 것이다. 심지어 그 경지는 '달과 그림자'마
저 벗으로 삼았을 정도다. 그가 걷는 곳, 멈추는 길. 그 어디인들 벗
이 아닌 적이 없다. 그의 벗은 늘상 술酒, 붓筆, 그리고 하얀 종이紙
다. 이백의 '독작獨酌'이란 시 한편을 '詩理悟'를 꿈꾸고 있다면 감상
해보자.

꽃 사이에 앉아
혼자 마시자니

달이 찾아와
그림자까지 셋이 됐다.

달도 그림자도
술이야 못 마셔도

그들 더불어
이 봄밤 즐기리.

내가 노래하면
달도 하늘을 서성거리고

내가 춤추면

그림자도 춘다.

이리 함께 놀다가
취하면 서로 헤어진다.

답답한 우리 우정!
다음에는 은하 저쪽에서 만날까. [2]

『CEO, 와인에서 경영을 얻다』의 진희정 작가는 '삼성경제연구소가 국내 최고경영자CEO 404명을 대상으로 실시한 설문조사 결과에 따르면, 총 응답자의 11.6%가 와인 지식은 비즈니스에서 매우 중요하다고 대답했다고 한다. 와인 역시 '술酒'이다. 무려 95%의 최고경영자CEO가 비즈니스에서 와인(술)이 차지하는 비중을 높게 평가한 셈이다'라고 적은 바 있다.

그러면서 진희정 작가는 "성공한 사람들은 와인을 혼자 마시지 않는다"라고 특징을 살펴 말했다. 가족이나 친구들, 비즈니스 파트너, 각종 모임 등에서 여러 사람들과 나누어 마신다는 얘기이지만 설사 혼자 마시더라도 꽃과 더불어, 아니면 달과 그림자를 벗으로 삼아 '음주'하는 수준에 있지 않을까 싶다.

그러니까 성공한 CEO는 이백처럼 '시이오詩理悟' 할 줄 안다는 것이다. 한 잔의 술을 통해 시를 짓고, 시에서 아이디어를 얻으며, 시를 통해 세상사의 이치와 경영을 깨우친다는 이야기다. 이의 기원은 술酒에서 비롯된 것이다.

시인도 최고경영자CEO도 술을 좋아한다. 사랑한다. 그러나 시인이 '술'을 사랑하는 반면 최고경영자CEO는 '술자리'를 더 기뻐한다. 이런 '차이'가 있긴 있다.

정보력의 자리

酒述術

인생이든 비즈니스이든 '성공 비밀의 첫 단추'가 술酒에 있다고 믿는다. 다시 이백을 좀 더 이야기하자. '술酒'과 관련하여 이백은 수많은 시를 남겼다. 그중에 이백이 얼마나 술을 사랑했는지 잘 보여주는 대표적인 한시명편[1]을 하나 소개한다.

저승의 주막집[2]

기(紀) 할아버지께서는 황천에서도

여전히 맛있는 술 빚고 계시리라

그러나 무덤 속 저승에 이백(李白) 없으니

그 술을 누구에게 파시려는지?

哭宣城善釀紀叟　李白(唐)

紀叟黃天裏, 還應釀老春.

夜臺無李白, 沽酒與何人?

이 한시의 주제는 무엇인가. 그것은 '술'이 차지한다. 술맛을 알아주던 기씨 영감님이 황천에 갔건 안 갔건 이백의 시를 보면, 그의 생애에 있어 절대로 술을 끊지는 못했으리라 짐작할 수 있다.

필자는 술 안 마시는 000보다 술 잘 마시는 CEO가 '詩理悟'가 될 가능성이 농후하다고 믿는다. 인생을 훨씬 풍요롭게 살 것이요 비즈니스 현장의 막힌 문제도 잘 풀어갈 것이다.

무엇이든 그 중심이 '사람人'이기 때문이다. 사람은 더불어 사람 관계도를 많이 그려야 한다. 많이 만나야만 된다. 그럴수록 무엇을 하든 성공이 이뤄진다.

바다의 섬처럼 고립된다든지, 창이 없는 벽처럼 세상과 단절된다면 소통이 없기 때문에 성공을 바랄 수 없다. '내 옆에 많은 사람이 있는 그'일수록 그가 세상에서 빛난다.

이러한 '만남'이 없이는 '성공'은 있을 수 없다. 이는 내 나이의 숫자가 점점 많아질수록 절실해진다. 어린 시절의 만남처럼 쉽지 않다. 서른이 지나고 마흔이 지나면서 나는 만남의 어려움을 자주 느낀다. 그렇기에 술자리에서 새로운 인연을 만들고자 노력한다. 안 마셨던 술을 마흔이 지나면서 본격적으로 마시기 시작했던 이유이다.

한 연구팀이 까마귀의 라이프스타일을 자세히 관찰하기 위해 깊은 숲 속을 찾았다.

미리 잡아둔 까마귀 한 마리에게 고깃덩어리를 일부러 보여 주고는 바로 풀어줬다. 까마귀는 고깃덩어리 주변을 잠시 서성였다. 그리고는 하늘로 날갯짓하며 저 멀리로 날아갔다.

다음날 새벽, 연구팀이 졸린 눈을 비비며 아침을 맞이했을 때 놀라운 광경을 목격했다. 동이 터오는 시간에 어디선가 날아온 서른 마리가 넘는 까마귀들이 하늘을 새까맣게 뒤덮고 있는 장관을 보았기 때문이다.

어떻게 해서 서른 마리의 까마귀들은 고깃덩어리가 있는 곳을 정확히 알고 오지의 깊은 숲속을 마치 내비게이션처럼 정확히 찾아올 수 있었던 것일까?

연구팀 분석에 따르면, 미리 잡아둔 까마귀가 많은 동료가 있는 보금자리로 찾아가서 정보(숲 속에 커다란 고깃덩어리가 있다)를 전달했기 때문이었다. 이 기막힌 이야기의 출처는 서광원 생존경영연구소장이 지은 『사장의 자격』에 나온다.

서 소장에 따르면, 까마귀들의 보금자리는 단순히 '함께 자는 곳'이 아니라 그날그날 서로가 얻은 정보를 교환하는 일종의 '정보센터'였다.

심지어 까마귀조차 정보를 교환하는데 사람은 어디 그런가. 그

렿지가 않다. 이게 문제다. 사람은 좋은 정보가 있으면 대개 혼자서 독식한다. 함께 정보를 나누려 하지 않는다. 이게 상식이다.

그러나 술자리에서만큼은 예외라는 점이 중요하다. 술자리에서는 정보가 오간다. 너와 나의 경계를 허물기 때문이다. 서로 취하기 때문이다. 이런 '술자리의 정보력'을 그 옛날의 시인 이백은 몸소 알았다. 그렇기에 술자리를 자주 즐겼던 것이리라.

'만남'이 어디 일방적으로 성사되는가. 그렇지 않다. 이럴 때 '술酒'이 도움이 된다. 이것을 나는 마흔이 지나면서 발견했다. 좀 더 일찍 알았더라면 좋았을 것을…….

단 술 잘하고, 못하고는 문제가 되지 않는다. 문제는 '사이가 발전하는 작용'에 알맹이가 있다. 요컨대 술을 잘 소화하는 것이 필요하다. 소화하지 못하고 절제하지 못하면 상대에게 주사를 부리게 된다.

요컨대 술자리는 약藥이 되어야지 독毒으로 변해서는 곤란하다. 인생도 비즈니스도 그렇다. 허망하게 술자리를 망치고 싶지 않다면 취하되 추해지지 말아야 한다.

몇 해 전, 어느 날이었다.

한 신문 기사[3]에 눈이 멈췄다. 아, 글쎄 현직 대학교수들이 '술 공부 모임'을 만들었다니, 화들짝 놀랄 수밖에. 그만 호기심이 생겼다. 현직 대학교수들이 뭐가 부족해서?

이럴지도 모를 일이다. 옛시인[4]의 말처럼 "오직 근심은 달 지고 술잔 비는 일(惟憂月落酒杯空)”로 교수들이 먹고 살만해서, 경제적으로 여유가 많아서, 한가해서 별별 모임을 다 갖는구나, 식으로 딴죽을 걸지도 모른다. 이런 시비조로 '술 공부 모임'을 낮게 평할지도 모르겠다. 그러나 내 생각은 다르다.

30명의 현직 대학교수가 괜히 술자리 모임을 따로 만든 게 아니다. 어쩌면 그것은 까마귀들의 생존경영 비법과 같은 맥락일 것이다.

승자는 늘 '함께'를 즐긴다. 반면에 패자는 어떠한가. 어떻게든 '혼자'가 되고자 한다. 이를 '술자리'에서 자세히 살필 일이다. 그러면 누가 잘 나가고, 누가 못 나가는 사람인지 얼른 한눈에 '차이'가 들어올 것이다.

채움, 비움, 배움

술은 왜 마시는가.

만남, 즉 사랑을 하기 위해서다. 사랑은 유지하는 것이 아니라 채워나가는 것이다. 상대의 잔에 술을 그득 채우려는 이유다.

사람과 사람 사이의 관계는 유지하는 것으로는 뭔가 부족하다. 그렇기 때문에 '채움'이 필요한 것이다. 곧 채움은 '관계 개선이 시작되는 것'을 의미한다.

술잔을 왜 비우는가. 그것은 마치 대나무의 성품을 닮으려는 의지의 행동이다. 대나무와 마찬가지로 사람과 사람 사이의 관계는 서로 비우면서 성장하지 않으면 정체된다. 심지어는 말라서 죽게 된다.

이따금 대나무는 '마디'라는 장애에 부딪힌다. 그럼에도 거기에 굴하지 않는다. 보란 듯이 쑥쑥 성장을 한다. 이처럼 성장할 수 있는 이유에는 자신의 속을 비우기 때문이다. 요컨대 '비움'의 지혜이다.

술자리에서 우리는 술잔을 채움과 동시에 술잔의 비움을 반복한다. 그리고 건배를 외친다.

처음엔 채움을 확인한다. 그런 후에 서로 비움을 시도한다. 주도酒道란 이런 거다. 채움은 너와 나의 사랑을 확인하는 것이다. 그리고 너와 나의 발전을 다짐하는 것이다. 더욱이 너와 나의 끊임없는 성장을 축원하는 것이다. 채움이란 그런 거다.

다음엔 상대의 비움을 지켜본다. 그런 후에 다시 채움을 상대에게 시도한다. 그리고 상대는 건배를 외친다.

주도酒道는 '자기계발 성공법칙'과 통한다. 여기에는 세 가지 원칙이 있다. 참고로 나는 술을 본격적으로 마시면서 그것을 깨우쳤다. 그래서일까. 늘 좀 더 일찍 술을 제대로 배우고 알았다면… 하는 아쉬움이 남는다.

세 가지 원칙에는 수순이 있다. '채움→비움→배움'이 바로 그것이다. 내가 개인적으로 사숙으로 존경하는 피터 드러커 박사는 책[1]에서 이런 기막힌 명언을 남긴 적 있다. 사업가의 실패 원인을 진단하는 내용이다.

"사업가가 실패했다면 그 이유는, 그들이 옳은 방향을 가기보다는 문제해결 능력

▲ 피터 드러커

만을 높이려 했기 때문이다."

여기서 말하는 '옳은 방향'이 무엇인가. 구체적이지 않고 모호하다. 술 마신 후에 다시 이 부분을 곱씹었다.

옳은 방향이란 게 바로 앞서 말한 '주도酒道'가 아닐까, 하는 생각이 섬광처럼 스쳤다. 성공하는 사업가와 실패하는 사업가를 옆에서 관찰해보자. 내 경험을 토대로 얘기하자면 실패하는 사업가는 문제해결 능력에만 혈안이 되어 있다.

그러나 성공한 사업가는 다르다. 인터뷰를 하나하나 정리하니까 그들만의 공통점이 나온다. 주도酒道의 세 가지 원칙과 무릇 통한다. 주도는 상도商道이다. 상도는 곧 '경영의 길'을 말한다. 즉 성공적인 사장으로 산다는 길을 소개하자면 그것은 끊임없이 '채움→비움→배움'의 수순의 길을 밟고 있다고 해도 과언이 아닐 것이다.

또 드러커 박사는 '인간관계의 유지 비결'[2]을 다음과 같이 논했다.

"조직에 속해 있는 지식근로자들 가운데 좋은 인간관계를 유지하는 사람들은 그들이 '인간관계에 타고난 재능'을 가졌기 때문에 그런 것이 아니다. 그들이 좋은 인간관계를 유지하는 것은 그들이 자신들의 공헌에 초점을 맞추고 그리고 다른 사람들과의 관계에서 공헌할 부분에 초점을 맞추고 있기 때문이다."

조직, 다른 말로 하자면 '회사'다. 회사會社의 뜻이 '모임'을 의미하니 '조직'을 말하는 것이다. 그러므로 회사란 '인간관계를 유지하는 사람들의 모임'과 개념에서 하등 다를 바가 없다.

문제는 회식이다. 잘 되는 조직일수록 수시로 회식을 일과 병행한다. 회식의 핵심은 '술'이 차지한다. 왜 조직은 회식＝술자리로 모임을 가지는가.

인간관계를 유지하는 것으로는 부족해서다. 그렇기에 술자리를 통해서 채우고, 비우고, 배우고자 하는 것이다. 요컨대 '경험자산'을 키우기 위해서다. 시공간을 함께 하는 경험자산이 높으면 높을수록 호흡이 착착 들어맞게 마련이다.

즉 술자리를 공유하므로 조직의 문화, 즉 '정서자본'을 창출하기 위함이다. 다른 말로 하자면 정서자본은 '회사 성장의 비결'이라고 설명할 수 있다.

일만이 전부가 아니다. 회식이 필요한 이유다. 그리고 술자리는 일에서 못 푼 문제를 술로 해결하고자 하는 의도가 반영된 것이다.

꼬인 인생과 막힌 비즈니스를 술술술 잘 풀기 원하는가. 그렇다면 우리는 무엇보다 술酒을 가까이 해야 된다. 세 가지 원칙이 필요하다. '채움→비움→배움'이 그것이다.

숲에서 가장 큰 상수리나무의 비밀

술酒에는 물水이 들어있고 불火이 들어있다. 마시되飮 배부르지 않고, 마시면서 동시에 불꽃이 되어 속을 태우니炎 스트레스가 한방에 깡그리 불살라지며燒 태워지는 것이리라.

물은 음陰이고 불은 알다시피 양陽이다. 술은 만지기만 하면 성질이 차갑지만 마시기만 하면 성질이 뜨거움으로 바로 변한다.

술이 입술에 닿을 때까지는 물처럼 차가우나 입으로 소화가 되면서는 불처럼 뜨거워지기 시작한다. 그러면서 마음의 억울함과 답답함, 심지어는 서러움과 슬픔까지, 마치 종이가 불살라지는 식으로 깡그리 태우기에 취한다. 이는 어쩌면 사람들이 술을 자꾸만 찾게 되는 가장 큰 이유일 것이다.

세계 최대의 카지노용 컴퓨터게임기 제작사 IGT의 찰스 매튜슨 회장은 '성공의 밑거름은 *끈끈한 인간관계*'[1]에서 비롯된다고 말한 적 있다. 틀린 말은 아니지만 오류가 없는 것도 아니다. 왜냐하면 경영사상가인 말콤 글래드웰Malcolm Gladwell의 역작 『아웃라이어』에서 지적한 내용을 참고해야 되기 때문이다. 말콤 글래드웰은 이렇게 귀띔한 바 있다.

> "성공한 사람을 만나면 어떤 질문을 던지고 싶은가? 그들이 누구인지, 어떤 성격인지, 얼마나 똑똑한지, 어떤 특별한 재능을 타고났는지, 어떤 식으로 생활하고 있는지 궁금한가? 물론 궁금할 것이다. 그런데 우리는 대답을 듣기도 전에 어떤 개인적인 특성이 그 사람이 정상에 오르는 이유를 설명해줄 거라고 가정해버린다."[2]

우리는 어쩌면 나무를 보고서 숲을 다 보았다고 말할지도 모른다. 그렇게 성공의 이유를 분석하고 나름 확신할지도 모른다. 나도 마찬가지다. 예외가 아니었다. 이를테면 성공한 사람의 한 단면만을 눈여겨보고서 마치 다 살핀 것처럼 우쭐하며 행동했다. '사람과 사람들 사이의 즐거운 인간관계'가 마치 성공한 사람의 전부인 양 착각한 것이다. 그것이 빙산의 일각인 줄 몰랐다.

성공한 사람들을 자주 인터뷰하는 신문기자나 방송작가의 경우를 보자. 그들도 나와 마찬가지로 어떤 개인적인 특성이 그 사람이 성공한 이유의 전부라고 착각하고 있거나 굳게 믿고 있을 것이다.

성공한 사람들을 근접에서 인터뷰하는 자격이 있다손 치더라도 반드시 신문기자나 방송작가가 사회에서 성공하는 것은 아니다. 다시 말콤 글래드웰의 기막힌 보충 설명을 들어보도록 하자.

> "생물학자들은 흔히 '생태학'이라는 단어를 통해 구조적인 차원을 설명하곤 한다. 숲에서 가장 키가 큰 상수리나무가 그토록 성장할 수 있었던 이유는 가장 단단한 도토리에서 나왔기 때문만은 아니다. 다른 나무가 햇볕을 가로막지 않았고 토양이 깊고 풍요로우며 토끼가 이빨을 갈기 위해 밑동을 갉아먹지도 않았고 다 크기 전에 벌목꾼이 잘라내지 않은 덕분에 가장 큰 나무가 된 것이다."[3]

어떠한가? 아주 기막힌 비유일 것이다. 우리는 '성공'을 가장 단단한 도토리(출신 성분)로 착각하고 있다. 햇볕, 토양, 토끼, 벌목꾼 등에 대해서는 충분히 알려고 노력하지 않는다. 이는 성공의 길, 중도에서 그만 포기하거나 좌절하고 갈등하는 이유가 되기도 한다. 우리의 착각을 스스로 깨부수지 않으면 안 된다. 그런 의미에서 술 때문에 아버지의 사업이 부도로 망했다고 생각하는 것은 어린 생각일 뿐이다.

성공한 사람들은 비즈니스와 술을 섞을 줄 안다. 흔히 비즈니스 하면 생각나는 리더쉽, 회계 등과는 영 관련이 없어 보인다. 그러나 그들은 이것을 반대하지 않는다. 오히려 '즐긴다'라고 해야 제대로다.

첫째 인간관계를 진보하고 돈독하게 만들기 위해서다.

둘째 비즈니스와 술의 절묘한 만남과 섞음이 성공의 길 가운데 있다는 것을 가리키고 의미함이다. 이른바 폭탄주는 '섞음'이다. 빨리 취하고 빨리 친親하고자 생활 속에서 몸으로 찾아낸 아이디어이다.

셋째 혼자 마시려는 술은 비즈니스도 섞음도 그 무엇도 결코 아니다. 성공한 사람들을 자세히 살피자. 그러면 '혼자서 성공하는 사람은 없다'라는 놀라운 사실에 주목할 필요가 있다. 이는 술을 마시게 되면 곧 깨우치게 된다.

술을 하자. 그러다가 퍼뜩 떠오르는 아이디어도 만나고 상대방이 무심코 던진 말 속에서 비즈니스 찬스를 얻을 수 있는 재미있는 돌발 상황에 맞닥뜨리게 될 것이다. 말짱한 정신으로는 일어날 수 없는 기회와, 영감, 아이디어 등이 상대방과 함께 하는 술자리에선 수시로 일어난다.

몇 년 전 술자리에서 있었던 일이다. 홍대 정문 앞 스타벅스 매장 옆에 '친친'이라는 상호를 간판으로 단 막걸리전문점에 간 적이 있다. 우연히 그곳의 장기철 대표와 만남을 가졌다. 그는 술자리에서 설명하길 꿈이란 한글은 '숨(ㅅ)을 쉬는 동안엔 꿈을 꾸게 된다'라는 의미라고 말했다.

순간, 좌중은 확 뒤집어졌다. 왜 그랬을까. 말솜씨가 그럴 싸 했기 때문이었다.

막걸리를 연거푸 마시면서 나는 깨달았다. 왜 "술은 입으로 흘러 들고, 사랑은 눈으로 드는지를……."

술을 마시면 사랑을 알게 된다. 사랑을 알면 세상은 그래도 살 만한 것이 된다. 물과 불이 합쳐져 술이 되는 것처럼 남과 여는 사랑할 수밖에 없으며 살아가는 동안에 스트레스가 없을 수 없고 우리는 살아가는 동안에 술로 스트레스를 태우고 또 태워서 날려 버려야 할 것이다.

괜히 술 마시는 것을 시비하지 말라. 대신 술을 함께 하는 자리를 잘 살펴라. 그곳에는 '자기계발 성장과 성공하는 길'이 언제나 열리고 있다.

생을 긍정하고 사랑하게 만드는 힘

좋은 소식이다. 전통술인 막걸리 광고가 일본 TV 전파를 탄다니….

막걸리는 가장 역사가 오래된 우리나라 전통 민속주로 1964년부터 쌀의 사용이 금지되고 밀가루 80%, 옥수수 20%의 도입 양곡을 섞어 주질酒質이 낮아지기 시작하면서 서민층의 사랑을 소주에게 빼앗겼다지, 아마도….

전문가에 따르면 막걸리의 나이는 171살 이상 되었다고 한다. 생성 시기를 조선 후기, 1837년[1]으로 보고 있어서다.

우리말 '막걸리'는 말 그대로이다. '막'은 마구, 함부로, 조잡하다, 라는 뜻도 지니고 있지만 '바로 지금'이란 의미도 담고 있다. 그러므로 한자로는 '生'이 된다. '거리'는 찌꺼기나 건더기가 있는 액체를 체나 거름종이 따위에 받쳐서 액체만 받아내다는 의미로 쓰이는 '거르다'라는 뜻의 '걸이'에서 나온 말이다. 그리하여 '막 거른 술'이라는 뜻에서 '막걸리'가 된 것이다.

청록파 시인 조지훈 선생은 막걸리를 달리 '삼도주三道酒'라 불렀다. 쌀과 누룩(효모), 샘물로 빚었다고 하여 붙여진 애칭이다. 그럼에도 삼도주로 부르지 않고 수많은 사람들이 지금까지 '막걸리'로 즐겨 부르는 것을 보면 지식인 냄새를 싫어해서가 아니라 서민의 냄새가 물씬 묻어나는 말로서 사랑했기 때문일 것이다.

아무튼 막걸리의 '막'은 한자로 말하자면 '생生'이 맞다. 생맥주와는 다르게 생막걸리는 어딘지 모르게 말이 안 되는 것 같다. 이에 대해 옳고 그름을 가릴 생각은 없다. 다만 한자 '생生'을 두고 말하고자 한다.

베스트셀러 『용기』를 쓴 지식생태학자 유영만 한양대 교수에 따르면 생生이란 한자는 '소牛가 외나무다리(一) 위를 건너는 모습을 형상화한 것'이란다. 소牛처럼 살아가는 인생에 닥친 고통, 절망, 위기를 뜻하는 다리(一)를 건너지 않고는 생生으로 자신있게 살아갈 수 없기 때문이다.

한자의 형形·의義·음音을 체계적으로 해설한 최초의 자서字書로 유명한 『설문해자』를 쓴 중국 후한後漢 시대의 허신은 이렇게 설명한다. '생生'이란 '나아간다'는 뜻으로 '흙土 위로 솟아나는 초목艸木을 상형화한 한자'라고 강조한다. 역시 그럴 듯한 해석이다.

나는 뭔가 색다르게 '생生'이란 한자를 풀이하고 싶다.

'삐칠 별丿'자와 '주인 주主'자가 합쳐진 한자 생生이 그것이다. 이를 말랑말랑 풀이하면 생生이란 '눈물 한 방울'이 모이고 모여서 나主를 '키우고 세우는 것(生)'이라고.

내친 김에 명시 한 편을 소개한다. 이 시詩는 '300만 부 이상 팔렸다'는 시인 서정윤의 『홀로서기』라는 시집에 나온다.

슬픈 시

서정윤

술로써

눈물보다 아픈 가슴을

숨길 수 없을 때는

세상에서 가장 슬픈 시를 적는다

별을 향해

그 아래 서 있기가

그리 부끄러울 때는

세상에서 가장 슬픈 시를 읽는다

그냥 손을 놓으면 그만인 것을

아직 나가 아니라고 말하고 있다

쓰러진 뒷모습을 생각잖고
한쪽 발을 건너 디디면 될 것을
뭔가 잃어버릴 것 같은 허전함에
우리는 붙들려 있다

어디엔들
슬프지 않은 사람이 없으랴마는
하늘이 아파 눈물이 날 때
눈물로도 숨길 수 없어
술을 마실 때
나는,
세상에서 가장 슬픈 시가 되어
누구에겐가 읽히고 있다

　　술로써 눈물보다 아픈 가슴이 가능한 이유는 내가 아직 살아있기生 때문이다. 그냥 손을 놓으면 억지로 술 마시지 않아도 괜찮다. 하지만 술 한 잔을 걸치게 되면 쓰러진 뒷모습을 미리 생각지 않을 용기가 무릇 내공에 쌓이는 법이다. 또 한쪽 발을 건너 디디면 나머지 한쪽 발도 건널 수 있는 기회가 엿보인다. 문제는 뭔가 '잃어버릴 것 같은 허전함'이 나의 도전 정신을 주저하게 하고 망설이게 만든다는 것.

그렇다. 슬프지 않은 사람이 없으랴마는, 술이 필요한 것은 주저 앉고 붙들려, 앞으로 헤쳐 나아가지生 못하는 나我의 문제를 나 스스로 풀기 위해서다.

'눈물로도 숨길 수 없어 술을 마실 때'야말로 진정한 의미에서 삶, 즉 생生을 비로소 긍정하게 된다. 그리고 마침내 사랑한 덕분에 앞으로 걸림돌이 되지 않고 디딤돌을 밟아지고 나아가게 하는 힘이 되는 것이다.

차 한 잔의 깨달음이나 술 한 잔의 깨달음이나 '싫어서다'가 아니라 '좋아서다'로 나 자신을 위해 이제 잔을 채우고 비울 일이다. 이게 생生이다.

우리가 생을 찾는 이유가 무엇인가. 그것은 '생生'을 간절히 느끼고 싶어서다. 그 이상도 그 이하도 아니다.

답답하고 억울한 마음을 '트일 대로 트이게 하는 것'으로 술은 사랑받아야 한다. 또 감사해야 할 최고의 선물이 아닐까.

한 잔 술로 설움과 시름의 고통을 잊자. 한 잔 술로 막힌 속을 뻥 하고 풀자. 그리고 술술 직선이 아니라 곡선으로 넘어가도록 하자. 그러면 막힌 벽이, 길이 술술술 잘도 풀릴 것이다.

일설에 따르면 '막걸리는 한 잔 들이키면 기운도 돋우고 흥도 나서 일을 수월하게 해준다'고 전한다. 하지만 '일을 하지 않고 놀고먹는 사람에게는 어울리지 않는 술'이 막걸리란다. 만약에 이런 사람들이 마시면 배만 부르고 고약한 트림만 나고 숙취를 야기하기도 한다고 해서 반귀족反貴族, 반유한反有閑의 성질을 지닌 술이라고 전한다.

이른바 '막걸리의 오덕五德'[2]이란 게 있다.

一德. 허기를 면해 준다.

二德. 취기가 심하지 않게 한다.

三德. 추위를 덜어 준다.

四德. 일하기 좋게 기운을 돋아 준다.

五德. 평소에 못하던 말을 하게 하여 의사를 소통시켜 준다.

술酒을 가까이 하려는 이유를 누군가 묻는다면 나는 오덕 중에서 망설이지 않고 단연 '의사소통'을 꼽을 것이다.

자고로 홀로서기로 성공하려면 '미·인·대·칭'할 줄 알아야 한다. 즉, 미소, 인사, 대화, 칭찬에 강해야 된다. 이 중에 술酒 때문에 가능한 것이 있다. '대화'가 그것이다. 의사를 소통시켜 주는 것으로 '바로 지금'의 효과를 전하는 약이 '술酒'의 신비함이다.

취醉하면 승자요 추醜하면 패자

한자는 참 얄궂다. 야릇하되 또한 어찌 보면 짓궂다. 한자말 '술 주酒'자는 원래 삼수변(물수水가 삼수변 'ⱨ'으로 주로 쓰일 때를 말한다)이 없는 '유酉'자였다[1]고 한다.

그래서일까. 우리가 보통 쓰는 말 중에 '취하다'가 있다면 이와 반대로 쓰이는 '추하다'라는 말이 있다. 醉취와 醜추가 그것이다.

취하다라는 의미의 취醉에는 '잘 마침'을 뜻하는 한자 졸卒이 따른다. 반면 추하다는 의미의 추醜는 어떠한가. 귀신鬼이 붙어있다. 요컨대 술을 잘 마시면 사람에게 취하는 것이 맞다. 하지만 잘 마시지 못해 상대에게 난동을 피우게 되면 추하다. '취醉와 추醜의 차이'다.

추하지 말고 취하자. 그러면 정보와 인적 네트워크가 어느새 내

체질로 강화된다. 하지만 정신을 놓으면 가까운 사이일지라도 이내 곧 망가진다. 사랑도 가정도 조만간 파탄이 난다. 이는 득得보다 실失이 더 많은 경우다. 그렇기 때문에 항간에 술을 마시되 절대 추해지지 말고 그저 취하라고 당부하는 게다.

경북 성주 출신의 이상희 전 내무부장관이 쓴 『술-한국의 술문화』(선刊) 서문은 이렇다.

"술은 적당히 마시면 진솔한 마음의 문을 열게 함으로써 보다 긴밀한 인간관계를 맺어 주는 윤활유로서 작용한다. 뿐만 아니라 인간에게 평안함과 즐거움을 가져다주는 촉매작용을 하고, 슬프거나 두려울 때에는 위안과 안정을 가져다주는 매개체 역할을 하기도 한다. 또한 술은 약리작용으로 건강에 도움을 주기도 한다. 그리하여 술은 지구상의 모든 인간에게 있어서 그들의 다정한 생활의 벗으로 여기는 귀중한 음료로 자리 잡고 있다. 반면에 술은 그 정도가 지나치거나 그 양태가 그릇되면 건강과 재산, 사람을 잃고 사회에도 적지 않은 폐해를 끼치게 된다"[2]

이보다 정확한 술에 관한 진실과 해박함이 빛나는 조언이 항간에 있긴 있을까. 나는 감히 인용해 강추(강력 추천한다는 뜻)하는 바다.

어찌 되었든 '술'은 단 하나의 글자이다. 내 경우엔 술 때문에

'한 글자의 철학'이랄까. 이를 간추려 소개한다.

❶ 술酒 → 맛味 → 시詩 → 서書 → 화畵

술맛을 알게 되면서 시인처럼 상상력이 커지고 메모하는 습관이 그림처럼 설계되었다는 뜻

❷ 술酒 → 꽃花 → 달月 → 벗友 → 빛華

술 때문에 자연의 소중함과 더불어 뜻이 통하는 친구를 만나게 되고 긍정적 사고가 키워졌다는 뜻

❸ 술酒 → 비雨 → 멋美 → 꿈夢 → 관觀

술은 역시 비오는 날 마시는 게 최고라는 걸 알았으며 사는 동안 꿈은 이루어진다는 통찰력이 생겼다는 뜻

❹ 술酒 → 정情 → 끼 → 끈 → 깡

술을 마시니 정이 두텁기 시작하는 걸 느끼고 내 안의 숨어있는 끼가 매력이 되어 사람과 사람 사이의 끈으로 이어주고 심지어는 없던 깡도 생긴다는 뜻

❺ 술酒 → 틈 → 꼴 → 심心 → 신身

술을 마시니 서로 소원했던 틈이 차츰 좁혀지고 상대에게 신뢰를 차후에 얻으니 내 마음과 몸이 편안하다는 뜻

위에 다섯 가지는 술로 인한 인생과 비즈니스에 성공하는 습관이다. 반면에 아래는 인간관계와 비즈니스에 실패하는 대표적인 세 가

지 습관을 술로 인해 기록한 것이다. 그저 비교하고 참고만 하시라.

❶ 술酒 → 성性 → 한恨 → 난亂 → 역易

술은 본성을 숨기지 않으며 때로는 술자리가 한풀이가 되지 못하면 난리를 치게
되고 성공의 운세가 바뀌어 실패자가 된다는 뜻

❷ 술酒 → 과過 → 음音 → 실失 → 병病

술이 지나치면 내 목소리가 높아진다. 그래서다. 술 때문에 상대에게 실수하게
되고 그렇게 되면 매사에 자신감이 없어지는 심각한 병이 생긴다는 뜻

❸ 술酒 → 훈訓 → 원怨 → 쟁爭 → 부不

술자리에서 상대를 가르침은 아니함만 못하다. 또 원망을 사게 된다. 그뿐인
가. 심지어 다툼을 하게 된다. 이러면 안 좋다는 뜻

역부족이라는 핑계 전에
술 한 잔이 어떠신지

"싸울 수 있는 날엔 싸우면 되고 싸울 수 없는 날엔 지키면 되고 지킬 수 없는 날엔 후퇴하면 되고 항복할 수 없는 날엔 그날 죽으면 그만이다."

MBC 역사드라마 『선덕여왕』에서 미실(고현정)이 죽기 전에 병부령 설원랑(전노민)과 화랑 시절을 회상하며 말했던 내용이다. 기막힌 명대사다.

생각해보니 명대사는 마치 공자의 '역부족자力不足者 중도이폐中途而廢'라는 말과 무릇 통한다. 그도 그럴 것이 미실의 말에서 어디 한 구석 역부족자의 모습을 찾아볼 수 없기 때문이다. 미실은 일을 하다가 중도에 한계를 설정하고 미리 선을 긋지 않는다. 그래서 주인공이 아닌데도 매력적으로 다가온다.

'싸울 수 있는 날엔 싸우면 되고 싸울 수 없는 날엔 지키면 되고….'

이 얼마나 좋은 생각인가. 승자로 남으려면 이런 태도를 배워야 한다.

승자를 보자. 승자는 자기계발에 강하다. 소홀하게 대하지 않는다. 항상 준비가 되어 있다. 언제 어디서나 '할 수 있다'는 긍정적인 태도가 돋보인다. 그리고 생각이 끝나면 바로 행동한다.

반면 패자를 보자. 패자는 언제 어디서나 기회가 없다고 변명하며 늘 '할 수 없다'고 부정적인 태도를 보인다. 그리고 지레 겁먹는다. 생각하다 중도에 포기한다. 이게 승자와 패자의 차이다.

그러므로 한자 '폐廢'에서 가로막힌 것을 의미하는 '엄부广'를 떼어내 계발의 '발發'을 승자가 선택한다면 패자는 거꾸로 계발할 수 있는데도 불구하고 스스로 한계를 긋는 엄부广를 갖다 붙임으로 '폐廢'를 선택한다고 말할 수 있다.

패자는 항상 역부족이라고 말한다. 이처럼 그럴듯한 핑계를 댄다. 하지만 승자는 다르다. 미실처럼 생각하고 미실처럼 행동하기 때문이다.

여기 미실과 닮은 기업인이 한 명 있다. 이 사람은 불과 8년 전까지만 해도 평범한 샐러리맨이었다. 그랬던 그가 현재 한국의 100

대 부자 중 28위를 차지했다고 한다. 퇴출 위기의 회사를 인수해 당당히 재계 12위 그룹의 오너 회장이 되었다. 이 화제의 신화적 인물은 STX 강덕수 회장이다.

그의 이야기를 담은 책이 있다. 『나는 생각을 행동에 옮겼을 뿐이다』가 그것이다. 책을 보니 그는 2000년 외환위기 때, 이랬다는 이야기가 전한다.

> '당시 쌍용중공업 주식은 아무도 거들떠보지 않았다. 하지만 강 회장 눈에는 다르게 보였다. 청춘을 바친 회사에 대한 애착 때문만은 아니었다. 그는 미래를 보았다. 사재 20억 원을 털어 쌍용중공업을 인수했고 가족과 전셋집으로 옮겨야 했다. 당시 그의 나이 50이었다.'

나는 무엇보다 그의 '나이 50'에 주목한다. 하늘의 명을 알았다는 뜻으로, 나이 50세를 비유적으로 이르는 한자말이 '지천명^{知天命}'이다. 논어 위정편에 나온다. 공자^{孔子}가 나이 쉰에 이르러 천명^{天命}, 즉 하늘의 명령을 알았다고 한 데서 연유해, 슬그머니 나이 50세를 가리키는 말로 굳어졌다고 보는 것이 정설이다.

당시 공자가 진짜 하늘의 명령을 받긴 했을까. 궁금하지만 그것을 확인할 수는 없는 노릇이다. 다만 여기서 나는 천명을 이렇게 풀어 해석하고 싶다. 즉, '공자, 자신의 생각을 행동에 옮겼을 뿐이다'라고…. 실제로 공자가 주유천하를 시작한 나이가 50세가 아니던가.

강 회장의 성공비결은 천명이 아니다. 자신의 생각을 행동에 옮긴 결과다. 다음은 한 경제신문에 실은 내가 쓴 서평 내용이다. 그대로 옮긴다.

STX 강덕수 회장, 쉰살의 도전.. 상식을 뒤집어라

■ 나는 생각을 행동에 옮겼을 뿐이다(이임광 · 글로세움)

'나이가 쉰이 되면 직업을 바꾸라.'

어느새 중년의 나이. 이 시기는 사막처럼 아주 메마르다. 마치 모든 에너지를 다 쥐어짜낸 듯한 느낌이라고 미국의 정신분석가 로버트 존슨은 말한 적 있다. 그는 대부분의 사람들은 직업의 정점에 도달하여 더 이상 배울 것이 없어 보일 때 기진맥진한 느낌을 갖게 된다고 했다. 틀린 얘기가 아니다. 사람들 십중팔구가 그렇기 때문이다. 하지만 한둘은 뜻밖이다. 행동이 보통 사람이 가지는 상식과 태도와 사뭇 다르다. 예사롭지 않아서다. 상식이란 바꿔 말하면 '식상'한 것이다. 그렇기에 열정을 다 쥐어짜낸 듯한 느낌이 들 수밖에. 때문에 상식에 갇혀서는 후반생 꽃을 활짝 피울 수는 세상에 없는 법이다.

여기, 상식 밖의 행동을 서슴지 않고 우리에게 보여주는 잘생긴 얼굴의 두 눈이 반짝반짝 인상적으로 빛나는 중년이 한 명 살아 있다. '강덕수'라고 하면 아마 모를 것이다. 그러나 'STX 강덕수 회장'이라고 소개하면 아하, '샐러리맨 신화' 하며 몹시 아는 척을 하면서 고개를 연신 끄덕일지도 혹 모른다.

'나는 생각을 행동에 옮겼을 뿐이다'(글로세움 펴냄). 이 책과 처음 만나면서 나는 흥분의 도가니로 내 가슴이 펄떡펄떡 뛰는 걸 발견한다. 때는 2000년 외환위기. '당시 쌍용중공업 주식은 아무도 거들떠보지 않았다. 하지만 강 회장 눈에는 다르게 보였다. 청춘을 바친 회사에 대한 애착 때문만은 아니었다. 그는 미래를 보았다. 사재 20억원을 털어 쌍용중공업을 인수했고 가족과 전셋집으로 옮겨야 했다. 당시 그의 나이 50이었다.'

생각해보니 나라면 사재 20억 원도 수중에 없지만 설사 있다고 하더라도 강 회장처럼 모험을 걸면서 창업에 도전하지는 못했을 것 같다. 더구나 가족회의를 열면서 가장으로서 이렇게 말문을 열었다니 그저 놀라울 따름이다.

"아빠가 다니던 회사를 직접 경영하려고 한다. 가산을 모두 쏟아부어야 할 것 같다. 잘 될 거라고 확신하지만 백에 하나 실패할 경우 너희들 학비를 대지 못할 수도 있다."(24쪽)

이 얼마나 기막힌가. 가장으로서 아내와 자식 앞에서 대체 말이 되긴 되는 것인가. 그렇기에 상식에 젖어서는 샐러리맨 가장이 다니던 직장에서 하루아침에 최고경영자CEO가 될 수도 없을 뿐더러 아예 생각조차 안한다. 상식대로 그냥 산다. 누구나 그런 거다.

하지만 강 회장은 보통 사람과는 달랐다. 그저 그렇게 세상의 상식대로 움직이고 살아가진 않아서다. 이게 우리와 다른 차이다. 해서 강 회장의 성공비결처럼 "나는 생각을 행동에 옮겼을 뿐이다"는 말은 장난이 아니라 대중에게 설득력을 발휘한다. 이 점이 바로 우리가 식상한 인간 밖으로 나아가기 위해서는 배워야 할 참된 덕목이 아닐까.

강덕수. 그는 불과 8년 전까지만 해도 평범한 샐러리맨이었다. 하지만 지금의 그는 한국의 100대 부자 중 28위를 차지했고 퇴출 위기의 회사를 인수해 당당히 재계 12위 그룹의 STX 오너 회장이 되었다.

생각해보니 소설 삼국지 영웅, 즉 조조·유비·손권 중에 강덕수 회장은 조조와 많이 닮았다. 리더십과 카리스마가 그렇고 '기업이 아니라 사람을 사는', 적장이라도 인재라면 내 안으로 포용하는 독특한 인재경영 철학 등이 그렇다.

특히 인상적인 것은 책의 표지를 장식하는 강덕수 회장의 강렬한 눈빛. 성경에 이런 구절이 있단다. "눈은 몸의 등불이니 그러므로 네 눈이 성하면 온몸이 밝을 것이요, 네 눈이 성하지 못하면 온몸이 어두울 것이다. 그러므로 네 속에 있는 빛이 어두우면 그 어둠

나는 책을 읽으면서 행간에서 그것을 얼핏 읽었다. 강 회장의 생각과 행동 사이에는 술酒 한 잔이 빠지지 않았을 것이란 추측 말이다. 어쨌든 문제를 풀려면 '술술술'에서 첫 시작 역시 술酒이 제격일 것이다.

최고의 세로토닌 상태

술酒은 조선에 있어서도 남녀를 차별 대우하진 않았다고 한다. 예컨대 도소주(屠蘇酒 · 설날 아침에 마시는 술을 말한다. 이 술은 나쁜 기운을 물리치는 도소가 첨가되어 있는 게 특징이다. 도소는 도라지 · 산초山椒 · 방풍防風 · 백출白朮 · 육계피肉桂皮 · 진피陳皮 등을 말한다. 이를 조합하여 빚은 술을 가리킨다)가 그러하다. 제사를 지내고 온가족이 모여서 세찬과 함께 마시면 사기邪氣를 물리칠 수 있기 때문이다. 또 장수한다고 믿었다. 그래서 남녀가 다 같이 제주祭酒를 음복飮福했다고 한다. 이런 전설이 21세기를 사는 대한민국에 아직도 면면이 전해지고 있다.

옛날에는 그랬다. 신랑과 신부가 혼례를 올릴 때 술을 마셨다. 특이한 것은 신랑 신부가 잔을 바꾸어 마셨다는 점에 주목할 필요가 있다.

신랑 신부가 서로 잔을 바꾸어 마심으로써 나는 네가 되고, 너는 내가 되는 한마음 한 몸이라는 뜻의 일심동체一心同體를 간절히 소원所願했기 때문에 취하는 일종의 예식이다. 여기서 소원이란 달리 말하면 '바람'이라고 한다. 저 유명한 "나를 키운 건 8할이 바람이었다"라는 미당 서정주 시인의 바람도 소원이자 꿈이긴 마찬가지다.

1만2천 명의 직원이 일한다는 미래에셋 최고경영자CEO 박현주 회장의 소탈한 인터뷰 기사가 재미있다.

19일 늦은 밤. 여의도 미래에셋증권 앞 포장마차에서 미래에셋 박현주 회장을 우연히 만났다. "원래 선약이 있었는데 취소하고 밤 늦도록 일하는 직원들과 소주라도 한 잔 할까 해서 나왔습니다." 얼핏 보기에도 새내기 분위기가 물신 풍기는 직원들과 함께 한 박 회장은 그들처럼 젊어보였다.

우리나라 증권업계의 프론티어, 박현주라는 이름 석자만으로 수많은 투자자들을 끌어모은 '스타 CEO최고경영자'. 그러나 포장마차에서 자리를 함께 한 박 회장은 총자산 70조원을 자랑하는 금융그룹의 오너답지 않은 소탈한 모습으로 1만 원짜리 계란탕을 안주삼아 소주잔을 나눴다. (중략)

12시를 훌쩍 넘긴 시간에 파한 술자리. 4만 원이 채 안 되는 소주값을 들여 얻은 박 회장의 조언을 믿고 기자도 환매를 고민하는 장모

께 장기보유를 권유할 생각이다.[1]

이 기사를 보면 빙그레 미소가 그려질 것이다. 그도 그럴 것이 늦은 밤 선약을 취소하고 술 한 잔을 기꺼이 나누기 위해 숨이 차도록 달려왔을 박 회장님 모습이 한가위 보름달처럼 그려져서다. 게다가 이 얼마나 예쁜 말인가. "원래 선약이 있었는데 취소하고 밤 늦도록 일하는 직원들과 소주라도 한 잔 할까 해서 나왔습니다." 짐승은 울리지 못해도 사람은 충분히 울리고도 남을 만하다.

우리가 주목해야 할 것은 술과 술자리이다. 사회생활을 성공적으로 잘 하려면 말이다. 그런 의미에서 다음의 글은 시사하는 바 크다.

수많은 사람들이 피터 드러커를 '현대 경영의 아버지'이자 20세기를 이끄는 '비즈니스의 스승guru'이라고 여기지만 피터 드러커의 글과 강의 가운데 60%는 비즈니스가 아니라 사회에 관한 것이다.[2]

이처럼 비즈니스 경영사상가도 6할을 '사회에 관한 것'인 사회생활에 더 비중을 두고 있는 게 사실이다. 사회생활을 잘 하려면 술酒을 빼놓고 이야기 할 수 없다.

'센 놈이 성공한다.'

대한민국 최고의 정신과 전문의로 유명한 이시형 박사에 따르면 내 마음을 결정짓게 하는 게 뇌라고 한다. 그러면서 '뇌 속의 신경 전달 물질은 알려진 것만도 50종이 넘지만, 소위 마음을 연출해 내는 것은 세 가지'라고 다음과 같이 언급한 바 있다.

1. 세로토닌
2. 엔도르핀
3. 노르아드레날린

이를 동시에 합쳐서 읽으면 '센놈'이 된다고 나는 강의 때 억지 주장을 한다. 그러면 청중들은 웃는다. 그러면서 이시형 박사가 쓴 『세로토닌 하라』(중앙북스)에 나오는 책의 내용을 일부 소개한다.

가령 술을 한두 잔 마시면 적당히 기분이 좋고 즐거운 담소를 나누면서 스트레스와 긴장이 눈 녹듯 풀린다. 이는 세로토닌 상태다. 여기서 끝나면 축복이다. 문제는 다음이다. 한 병, 두 병으로 넘어가며 고성방가에 호기를 부리기 시작한다. 겁도 없고 말도 함부로 내뱉는다. 책임도 못 질 일에 큰소리를 친다. 객기도 나온다. 이게 엔도르핀 상태다. 그래도 여기까지라면 백 보 양보해 봐줄 수 있다. 술꾼들은 이런 기분을 맛보기 위해 또 한 잔. 중독으로 넘어가는 기점이다. 진짜 골치는 그 다음이다. 만취가 되면 몸도 제대로 가누지 못할뿐더러 말에 논리가 없다. 괜한 일에 시비를 걸고 쌍소리를 해 댄다. 재떨이가 날아가고 술상을 뒤엎는다. 이런 공격적이고 파괴 적인 상태가 노르아드레날린 상태다.[3]

세로토닌은 전두전야의 조절 능력을 키우는 데 결정적 역할을 제공한다고 한다. 조절력의 핵심이자 감정 조절의 열쇠라고 말하니 행복, 성공, 건강에 있어서 센놈이 되려면 무엇보다 '센(세로토닌)'할 줄 알아야 한다. 스스로 절제해서 적당히 기분이 좋고 즐거운 담소를 나누면서 스트레스와 긴장이 눈 녹듯 풀린다는 세로토닌 상태에 이 르는 것에 술을 마시고 술자리를 즐기는 것에 비할 게 있으랴. 세로 토닌을 알아야 진짜 센놈이 될 수 있다.

而立

유득공의 글 상자

읽고 나면 "손은 춤추고, 발은 경중경중 뜀뛴다"라는 표현이 전혀 무색하지 않은 고전 『논어』에는 '술이부작述而不作, 신이호고信而好古'라는 굉장한 구절이 나온다. 영산대 배병삼 교수의 주석이 빛나는 책[1]에 등장한다. 책에 따르면 '옛 사람의 말씀을 좋아하고 또 신뢰하는 마음자락(信而好古)'을 바탕으로, '내용을 그대로 옮기었지 자의적으로 창작한 것이 아님(述而不作)'을 천명한 것이라고 해석한다.

술述이란 한자에는 창작Fiction이 아예 들어 있지 않다. 다만 팩트Fact로 '해석하고, 설명하고, 풀이하는 것'이 있을 뿐이다. 한마디로 술述이란 '글로 적는다'는 뜻이다.

술述이 하고픈 말은 '적자생존'이다.

적자생존은 무엇을 가리키는가. 그 옛날 조선에는 왕이 있었다. 그리고 오늘날 대통령 비서실처럼 '승정원'이란 게 있었다. 그 유명한 『조선왕조실록』이 활자를 이용한 인쇄본이라면, 『승정원일기』는 왕의 비서들이 현장에서 당시의 상황을 직접 붓으로 쓴 필사본이었다. 그렇다면 필사본은 '술이부작'한 콘텐츠나 마찬가지다. 그리고 『조선왕조실록』과 더불어 소중한 조선시대 역사기록물의 쌍두마차라고 평할 수 있다.

▲ 승정원일기

일기는 실록의 5배나 되는 양을 자랑하는데 그 양을 줄이고 줄여서 단 한 권 분량의 책, 『승정원일기』(산처럼刊)를 펴냈다.

세 사람이 공저자다. 이름은 '박홍갑, 이근호, 최재복'이다. 그 중 박홍갑 국사편찬위원회 편사연구관은 공저자를 대표하며 서문을 이렇게 쓴 바 있다. '적자생존'이 그 첫 문장이다.

적자생존. 환경에 가장 잘 적응하는 생물이나 집단이 살아남는다는 의미를 가진 다윈의 진화론에 밑바탕이 된 이론이었다는 것은 너무나 잘 알려진 사실. 그런데 한때 기록학 전공자들이나 국가 기록물 관리 담당자들 사이에 자주 입버릇처럼 되새기던 말이 바로 '적자생존'이었다. 처음에는 (필자도) 어리둥절하여 무슨 소리인가 했는데, 나중에 알고 보니 '적자! 적어야 살아남는다'란 의미로 통하는 그들만의 용어였다.[2]

이제는 기억이 뛰어난 사람들보다 기록을 잘하는 사람들이 경쟁에서 살아남는다.

술酒이 약한가. 이것은 크게 흉이 되지 않는다. 잘 마시지 못하더라도 술자리 분위기를 죽이지만 않을 정도로 한두 잔 마실 줄 안다면 너그럽게 용서가 되기 때문이다.

하지만 사람들은 기억력이 형편없음에도 불구하고 좀처럼 기록하려고 노력하지 않는다. 이러면 용서가 안 되는 시대가 지금이다.

생각해보자. 일본이 왜 우리를 앞섰는가. 내 생각엔 술述 때문이다.

일본인은 기억하지 않고 기록한다. 즉, 메모한다. 일테면 '메모'라는 제목이 들어간 책들은 일본 저자가 쓴 책으로 보면 된다. 그 숫자도 엄청나다. 이것만 보더라도 차이가 왜 생겼는지를 우리는 금세 파악할 수 있다.

우리가 머리가 좋다고 안일할 때, 그들은 기억하지 않고 대신에 기록하려고 노력했다. 한·중·일의 병법서를 놓고서 비교해보자. 먼저 일본은 미야모토 무사시의 『오륜서』가 그대로 전해지고 있다. 중국은 어떠한가. 그 유명한 『손자병법』이란 게 면면이 전해져 오고 있다. 그런데 우리 대~한민국은 어떠한가. 조선 정조 시대의 백동수가 지은 병법서가 있긴 하다. 『무예도보통지』가 그것인데, 과연 오늘날 책으로는 있는 것인지, 아니 전해지는지 도통 알 수가 없다.

궁금하던 차에…. 인터넷으로 검색해 보았다. 그랬더니 1996년 2월(학민사刊)에 책으로 나왔다. 이는 '정조의 명에 따라 이덕무와 박제가가 장용영초관 백동수에 군실무를 물어 정조 14년에 이룩되는 『무예도보통지』(4권 4책)에 언해(1책)를 붙여 간출한 것으로 조선의 전투기술사를 이루고 있는 책'이라는 소개의 안내가 짤막하게 나온다. 그런 후에 2년 뒤, 1998년(동문선刊)에 책이 하나 더 나왔다. 그런데 문제는 대중화로 크게 보급된 것 같지 않다.

베스트셀러는 고사하고 대중으로부터 관심을 확 끌어내지 못한 게 분명하다. 왜 그럴까. 그것은 '술이부작述而不作, 신이호고信而好古' 하는 것에 우리가 일본인, 중국인에 비해 많이 노력하지 않았고 게을렀기 때문일 것이다.

또 하나 짚어야 할 것은 독자, 즉 대중의 입맛에 착착 붙도록 과거의 병법서를 일본인이나 중국인처럼 오늘날의 한국인이 경제경영서로 변화시키지 못한 탓도 있을 것이다.

술述은 나무와 비슷하다. 옛말에 도리불언하자성혜桃李不言下自成蹊라고 했다. 복사나무와 자두나무는 말하지 않아도 스스로 길을 만든다는 뜻이다. 술述, 즉 기록과 메모는 기억하지 않아도 스스로 기록을 남긴다. 그런 의미에서 적자생존(적어야 산다는 뜻)을 이해할 필요가 있다.

옛사람 중에 유득공이란 분이 조선 시대, 정조 때는 계셨다. 그는 뭐랄까. 오늘날로 표현하면 메모광이었다고 할까. 『책만 보는 바보』에는 다음과 같은 구절이 나온다.

유득공이 가장 애지중지하는 것은 글 상자였다. 그는 늘 소매 속에 종이와 붓을 넣고 다니며 조금이라도 색다른 것을 보면 글로 써 두었다. 책을 보다가도 기억해 두어야 할 내용이 나오면 꼼꼼히 기록했다. 이렇게 써 둔 종이들은 내용에 따라 다시 한 번 걸러지고 나누어져서 그의 글 상자 속으로 들어갔다.[3]

유득공(1749~1807)은 정조 때(1779년), 박제가·이덕무·서이수徐理修와 함께 규장각 검서관檢書官에 임명되었던 화제의 인물이다. 서얼 출신이었기에 벼슬에 오를 수 없었으나 정작 본인은 불운을 탓하지 않았다고 한다.

늦었지만 이제라도 우리는 배워야 한다. 늘 소매 속에 종이와 붓을 넣고 다니며 조금이라도 색다른 것을 보면 글로 써 두려는 생활 습관을 말이다. 술述의 힘이란 바로 이런 거다.

종이와 펜을 준비해서 생활 속에서 적고 또 적자! 그리하면 적자생존이 어렵지 않을 것이다. 어디 그뿐인가. 그렇게 살아가다 보면 목숨을 연명하는 생존의 차원을 지나서 '승진', '출세', '성공'의 열매가 우리를 기다리고 있을 것이다. 그리하여 적자생존은 곧 적자성공(메모하는 사람이 성공한다는 뜻)으로 변하는 것. 이는 단순한 유머가 아니다.

생존을 지속하고 싶은가. 그렇다면 이제라도 적자. 적는 습관을 키우도록 노력하자. 성공하고 싶은가. 그렇다면 유득공처럼 살아온

날이 아니라 살아갈 날을 위하여 종이와 펜을 내 주머니에, 내 가방 속에 넣고 다니자. 그리고 유득공이 그랬던 것처럼 기록들을 하나하나 모아모아 필요할 때마다 꺼내 쓸 수 있는 술述상자를 만들자. 그러면 나만의 보물 상자가 생길 것이다.

지친 나를 견디게 하는 것이 술述이 가진 힘이다. 기록하고 메모하자. 이 습관이 나를 결국엔 살린다. 나를 성공의 길로 안내할 것이다.

다음은 지용희 서강대 교수가 쓴 『경제전쟁시대 이순신을 만나다』의 일부 내용을 발췌한 것이다.

우리 조상들은 왜 기록을 남겼을까? 무슨 마음으로 조선왕조실록, 승정원일기 등 그 긴 역사를 하루도 빼놓지 않고 그렇게 자세히 기록했던 것일까? 왜 젊은 사관들은 목숨을 걸고 사초를 남겼을까? 그들은 기록이 가진 힘을 알았던 것이다.

기록이란 후대에 역사가 되고 그 역사가 당대를 비춰 주는 거울이 된다는 사실을 알았던 것이다. (중략) 전쟁은 길었다. 그리고 참혹했다. 삼도수군통제사 이순신은 외롭고 괴로웠다. 단 하루도 편히 잠들지 못했다.

뒤늦게 나선 무관의 길. 오랜 기간 변방의 미관말직으로 떠돌다가 느닷없는 전쟁을 당해 나라의 운명을 혼자 짊어지게 된 듯한 중압감에 시달렸다. 한 인간이 감당하기에 너무나 큰 고통이 그를 짓눌

렀다. 전쟁 중에 그는 어머니를 잃었고 아들도 잃었다. 수많은 부하를 잃었으며, 더 많은 백성의 죽음을 보아야 했다. (중략) 견디기 힘든 나날의 연속이었다. 장군은 어떻게 7년 전쟁을 견뎠을까? 어머니와 아들의 죽음을 어떻게 감당했을까?

지친 장군을 견디게 한 것이 있었다. 그것은 붓과 종이였다.[4]

이순신 장군은 앞에 1부에서도 거론했지만 술酒을 즐겼고, 또 『난중일기』로 짐작할 수 있듯 술述을 즐겼다는 것을 어렵지 않게 알 수 있다. 지친 장군을 견디게 한 것은 붓과 종이였다고 하지 않던가. 삼도수군통제사(오늘날로 말하자면 대한민국이란 기업의 전문 경영자가 적격이다)의 자리는 단지 명예와 지위만 있는 게 아니다. 이 자리는 기업의 사장 자리와 마찬가지로 고독한 위치다. 그럼에도 이순신 장군이 버틸 수 있었던 이유에는 술酒과 술述이 가까이에 있었기 때문이다.

다산과 백곡의 공통점

酒
述
術

패자는 생각만 한다. 반면에 승자는 어떠한가. 생각을 행동으로 옮겼을 뿐이라고 한다. 정말 그뿐일까? 이건 전부가 아니다. 생각과 행동 사이에는 반드시 술述이 있기 때문이다.

그 사람이 무엇을 보고 있는지 보는 것은 기억력이다. 그러나 그 사람이 무엇을 듣고 있는지는 기록하지 않으면 도저히 들을 수가 없다. 이 말은 현대 미술의 혁명가인 마르셀 뒤샹Marcel Duchamp의 명언을 내 방식으로 해석한 것이다.

그때그때 떠오르는 좋은 생각, 좋은 아이디어가 있게 마련이다. 이것을 기억에만 의존해 담고자 한다면 결과는 헛수고가 되고 만다. 반면에 기록하는 습관을 들인다면 얘기는 달라진다. 좋은 생각, 좋은 아이디어가 내 그릇에 담아지기 때문이다. 이런 까닭에 패자는 항상 이렇게 말하는 것이다.

"그거(좋은 아이디어) 나도 생각했던 건데"

생각이나 아이디어는 물과 같다. 내 그릇이 없으면 담을 수 없다. 그릇의 모양이나 용량에 따라서 천양지차로 모습이 달라지는 법이다. 이를 모르는 사람은 거의 없다. 그럼에도 귀찮다는 이유로 우리는 기억에만 의존한다. 글 상자에 기록은 하지 않으려고 한다.

"생각이 떠오르면 수시로 메모하라."

한양대 정민 교수가 지은 명저 『다산선생 지식경영법』(김영사刊)에 나오는 얘기다. 이른바 '수사차록법隨思箚錄法'[1]이 그것이다. 수사차록隨思箚錄이란 그때그때 떠오른 생각을 메모하여 기록하는 것을 말한다.

정민 교수는 "생각은 쉽게 달아난다. 붙들어두지 않으면 흔적도 없이 사라진다"고 말한다. 그러면서 좋은 생각, 좋은 아이디어를 붙들어두는 방법으로 메모보다 좋은 것이 없다고 책에서 이미 지적한 바 있다.

이 때문에 한가로이 술酒 한 잔을 하면서도 좋은 생각과 좋은 아이디어가 생각나면 이를 놓치지 않기 위해서 바로바로 종이와 펜을 꺼내 들어야 한다. 적어야述 한다. 이렇게 하면 술술酒述 풀리는 경지를 짜릿하게 맛볼 수 있다.

▲ 백곡 김득신

충북 괴산하고도 능촌리, 이곳에는 그 유명한 백곡 김득신(1604~1684)의 '취묵당醉默堂'이란 정자가 괴강을 무릇 바라보고 있다. 정자의 한편에는 '독수기讀數記'가 걸려 있다고 한다. 독수기는 만 번 이상 읽은 글 36편의 목록과 읽은 횟수를 기록한 것을 말한다.

일설에 따르면, 백곡栢谷 선생은 남달리 총명하진 못했다고 한다. 정민 교수는 자신의 책에 이렇게 쓰고 있다.

가장 좋아했던 『백이전伯夷傳』은 무려 11만 3천 번을 읽었다고 적고 있다. (김득신) 스스로도 이를 자부하여 자신의 당호를 억만재億萬齋라 지었다. 그런데도 말을 타고 가다가 어떤 사람의 집에서 들려오는 『백이전』 읽는 소리를 듣고는, 아주 익숙한데 무슨 글인지 생각이 안 난다고 했다는 엽기적인 기억력의 소유자이기도 하다. 지겹도록 하도 들어 뜻도 모르는 채 다 외운 하인이 그 자리에서 줄줄 읊자 그제야 『백이전』인 줄을 깨달았다.[2]

뻥이 좀 심한가. 그렇다고 할지라도 행간의 숨은 의미를 우리는 가히 짐작하고도 남음이다. 백곡의 머리는 그리 총명하지 않았다는 증거다. 하지만 백곡은 수천 번 아니 수만 번을 노력했다.

정자의 이름을 보자. 왜 하필이면 '취묵당醉默堂'이라고 지었을까. 추측건대 내 생각은 이렇다.

추醜와 반대로 취醉는 술酒을 잘 마셨다(酉+卒=醉)라는 의미다. 묵默은 '잠잠한 침묵'을 가리킨다. 이는 무언가를 적었다述는 뜻으로 보인다. 이를 차례로 연결하자. 그러면 '술술'이 된다. 해서 '취묵당醉默堂'은 백곡 선생이 술 마시는 공간. 그리고 무언가를 메모하는 공간. 즉, '술술 푸는 공간'이라고 하겠다.

괴강을 바라보며 술잔을 기울이는 백곡 선생의 모습이 선하게 그려지지 않는가. 이윽고 좋은 생각이 떠오르거든 '끊임없이 중요한 부분을 베껴 쓰고, 거기에 대한 자신의 생각을 메모하는 방식의 독서'[3]를 위한 부산한 움직임이 보일 것이다. 이렇듯 잠잠하고 고요한 묵默의 황홀한 순간을 백곡 김득신 선생은 홀로 만끽하고자 했을 거다.

『다산선생 지식경영법』에서 정민 교수는 거듭 말하길, 다산 정약용 선생(1762~1836)이야말로 조선 최고의 메모광이었다고 강조한다.

다산 자신은 그야말로 끊임없이 메모하고 생각하고 정리했던 메모광이요 정리광이었다. 스스로도 궁벽한 곳에 살면서 할 일이 없어 육경과 사서를 여러 해 동안 궁구하고 탐색하면서 하나라도 얻으면 그 즉시 기록해서 보관해두곤 했다고 술회한 바 있다. 그 메모가 밑거름이 되어 수많은 저작으로 발전할 수 있었다. 메모도 해봐야 요령이 생긴다. 처음엔 두서가 없다가도 나중엔 방향이 생긴다. 방향이 생겨야 집중력도 생기고, 작업에 가속도가 붙는다.[4]

메모도 자꾸 해봐야지 노하우가 된다. 그리고 기술로 발전하는 거다. 비싼 다이어리를 산다고 해서 메모하는 실력이 결코 좋아지는 게 아니다.

하나 더, 정민 교수에 따르면 연암 박지원 선생(1737~1805)이 지은 『열하일기熱河日記』는 책상머리에 앉아 쓴 글이 아니라고 하면서 이렇게 추측한다.

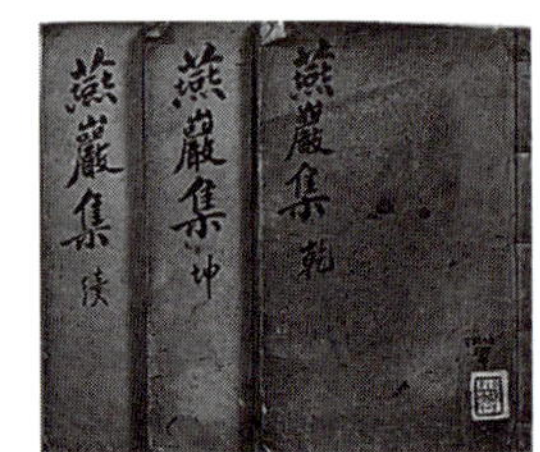

▲ 연암집

가는 곳마다 지명을 묻고, 만난 사람의 이름도 물었다. 들은 내용은 즉시 메모했다. 중간중간 있었던 사소한 일들도 잊지 않게끔 적어 두었다. 이런 자세한 여행기는 절대 놀라운 기억력의 산물이 아니다. 꼼꼼한 메모의 결과다. 나는 연암 박지원의 『열하일기熱河日記』를 읽다가도 드넓은 만주벌을 가면서 틈만 나면 말 잔등 위에 쪼그리고 앉아 공책을 꺼내 메모를 하던 광경이 떠올라 혼자 웃곤 한다.[5]

여기서 중요한 것은 무엇인가. 기억력이 아니다. 책상머리에서 자신의 기억에 의존해서만 어디 『열하일기熱河日記』라는 명작이 완성될 수 있단 말인가. 명작의 완성은 꼼꼼한 메모가 있었기에 가능했던 일이다. 이런 수고로움이 있었기에 책으로 펴냄이 가능했으리라.

인생도 그렇고 사회생활도 그렇다. 하물며 내 사업도 마찬가지다. 술酒을 잘 하는 것만으로는 부족하다. 어딘가 성공의 조건에서 승자가 되기에는 2%가 모자라다.

그렇기 때문에 술酒 마시면서 좋은 생각이 떠오르면 즉시 종이와 펜을 꺼내 들고 틈만 나면 술述, 즉 꼼꼼하게 메모하고 기록을 하라는 것이다.

역사에 이름을 남긴 인물들은 필자가 본 바에 의하면 3가지 비밀. 즉 술술술酒述術에서 최소한 두 가지는 갖고 있었다.

술酒을 잘 못하는 체질은 메모와 재주를 일컫는 술술述術에 세고, 지닌 재주가 많이 부족한 사람들은 스스로 노력하여 술술酒述의 습관을 키웠다. 남들이 하찮게 여기던 재주를 끝까지 관철해서 기어코 자신만의 노하우로 만들었다.

영국의 처칠을 보자. 그는 알다시피 알코올 중독자였으나 수상이 됐다. 고등학교 졸업 때까지 꼴찌였던 처칠은 학교 공부는 등한시했지만 하루도 책을 손에서 놓지 않는 수불석권手不釋卷에 아주 열심이었다고 전한다. 항상 손에 책을 들었다는 얘기다. 달리 말하면 독서를 하다가 마음에 드는 구절을 만나면 메모도 참으로 열심이었다는 것을 추측할 수 있다.

하인보다 기억력이 엉망인 백곡 김득신 선생(1604~1684)은 또 어땠는가. 조선에서 과거급제에 당당하게 성공하지 않았던가. 사마시에 합격했다(1642년). 나이 마흔 줄에는 진사가 되었다. 이처럼 백곡은 머리가 좋고 재주가 출중한 사람은 아니었다. 그의 자질을 본 사람들은 글공부를 포기하라고 비아냥거리기도 했다고 한다. 그러나 그는 40여 년을 꾸준히 책을 읽고 시를 공부한 끝에 그는 말년에 이르러서는 '당대 최고의 시인'(택당 이식)으로 평가 받았다. 그는 이런 말을 남겼다.

"재주가 남만 못하다고 스스로 한계를 짓지 말라. 나보다 노둔한 사람도 없겠지마는 결국에는 이룸이 있었다. 모든 것은 힘쓰는 데 달려 있을 따름이다."

마치 백곡의 명언은 공자가 말했던 '역부족자力不足者 중도이폐中途而廢'의 한계를 벗어난 인간승리를 보는 것 같다.

냅킨이면 어떻고 명함이면 어떤가

필자의 나이, 올해로 마흔하고도 일곱이 됐다. 누군가 그랬다. 남자의 인생에 있어서 47세가 최고의 전성기라고 말이다.

세계 최장기 성인발달연구를 맡아온 미국의 정신과 전문의인 조지 베일런트 박사도 말하길, "50대 이후 사람의 삶을 결정하는 가장 중요한 변수는 47세 무렵까지 만들어 놓은 인간관계"가 좌우한다고 얘기하지 않았던가.

누구나 성공을 꿈꾼다. 그런데 성공의 공식은 알고 보면 의외로 간단하다. 누군가 말했듯 꿈을 이룰 수 있는 방법이란 "생생하게 꿈꾸면 이루어진다."(R=VD)

이와 비슷한 의미로 이노디자인의 김영세 사장의 좌우명은 우리가 참고할 만하다. 글쎄 좌우명이 "미래에 미리 가 본다"[1]라고 그런다. 좌우명에서 그가 잘 나가는 이유를 알만하다.

김영세 사장이 디자인한 아이리버 펜던트(목걸이)형 MP3플레이어는 150만 개[2]나 팔렸다고 한다. 다음은 대박의 비밀이 무엇인지 그 정체를 잡을 수 있는 내용이다. 이필재·유승렬이 지은 책, 『한국의 CEO는 무엇으로 사는가』(부키 刊)가 그 출처다.

그가 미국 실리콘밸리에서 주로 활동할 때였다. 서울에 출장을 와 압구정동 스타벅스에 앉아서 지나가는 젊은 세대를 관찰했다. 멋지게 차려입은 사람들도 하나같이 검은색의 못생긴 MP3플레이어를 사용하고 있었다. '목걸이형으로 디자인해 거기에 이어폰 줄을 집어넣을 수 있겠다'는 생각이 머리를 스쳤다.[3]

다음에 이어지는 문장이 아주 중요하다. '그는 냅킨을 펼쳐 스케치를 시작했다'가 그것이다. 이는 '기억했다'가 아니라 '기록했다述'는 의미다. 이 단순한 행위가 대박을 치게 된 성공 비결이 된 셈이다.

코오롱 그룹에서 해결사로 통한다는 배영호 사장을 보자. 그는 술술酒述의 전형적인 롤 모델이다.

그가 공장장으로 있던 구미 공장 노조는 당시 강성으로 이름이

높았다. 부임 초기 노조원들이 공장장실을 점거하고 철야 농성을 벌였다. 신참 공장장 길들이기였다. 그는 넥타이를 풀고 양말 바람으로 진을 치고 있는 노조원들 틈에 앉았다. 손에 소주병이 들려 있었다.[4]

문제 해결의 첫 단추는 술酒에서 시작됐다. 책에 따르면 배 사장은 '메모광'이라고 한다.

> 배사장은 메모광이다. 그의 수첩은 일종의 매뉴얼이다. 크고 작은 회의의 안건, 업무 지시에 공장 간 날짜도 적는다. 공장 방문 주기를 조절하기 위해서다. 해외 출장 준비물을 적은 면엔 명함, 때수건, 여분의 안경과 더불어 효자손이라고 씌어져 있고 노래방에서 부를 노래들도 상황별로 적혀 있다. 그가 한 번도 생신 선물을 잊은 적이 없다는 고모·고모부의 생일도 표시돼 있다. 경북 김천에서 자란 그가 서울대 섬유공학과에 다니는 동안 얹혀 지낸 고마운 분들이다.[5]

이렇듯 승자는 순간적인 아이디어를 놓치지 않는다. 찰나도 놓치지 않고 꼼꼼하게 기록을 하기 때문이다. 어쩌면 패자는 김천, 서울대 같이 지연과 학벌에 놀랄지도 모르고 혹여 실망하고 좌절할지도 모를 일이다. 아니면 이건 남자들 세계에 해당한다고 여자들이 일어나 말할지도 몰라서 내친김에 술述의 힘이 무엇인지를 하나 더 소개하고자 한다.

채은미 페덱스코리아 사장은 여자다. 아내이자 엄마이고 며느리이다. 그럼에도 직장과 가정에서 모두 성공한 모범적인 케이스다. 그녀는 타고난 커뮤니케이션 능력 때문에 20대에 부장을 달았고, 40대에는 기업의 스타인 이사, 최고경영자인 CEO가 되었다는 애기가 아주 틀린 말은 아니다. 하지만 살펴보면 그녀의 능력은 술述에서 능력과 운이 생겨난 것을 자세히 관찰할 수 있다.

> "외국 사람의 긴 이름도 잘 기억하는 편입니다. 얼굴과 이름도 잘 매치시키죠. 예기치 않은 상황에서 순발력도 있는 편이에요. 프랑스어를 가르치는 교수를 꿈꿨던 사범대 재학 시절부터 교수법에 관심이 많았는데, 그래서 일찍부터 커뮤니케이션의 중요성을 알았죠."[6]

이 내용만 본다면 열등감으로 '저 여자는 머리가 참 좋구나' 하고 성급하게 사람을 판단할지도 모른다. 책은 이렇게 다음의 문장을 적는다.

> 그는 명함을 받으면 그날 중 명함 여백에 만난 날과 용건을 적어 정리한다. 이때 한 번 더 보는 것이 상대방을 기억 속에 입력하는데 도움이 된다고 말했다.

명함을 받은 후의 행동에 주목할 필요가 있다. 이런 사소한 습관

이 그가 진짜 잘 나가는 비밀의 실체다. 시크릿이 별건가. '나我' 하고
는 사소하게 다른 '너汝'의 차이가 알고 보면 성공의 비밀이라는 '시
크릿'이다.

옛사람이 이르기를, 자신의 허물을 고치는 데 인색하지 말라(개
과불린改過不吝)고 했다. 우리는 이를 자주 무시한다. 그랬기 때문에 자
신의 허물을 보지 못하는 거다. 또 사소한 차이를 눈여겨보지 않아서
지나치고 놓치는 거다. 이는 마음이 없어서다. 마음이 없으면 비밀의
실체(?)가 도통 보이지 않는다.

생각해보자. 사람은 간사하다. 술酒 한 잔에도 금세 마음이 바뀐
다. 해서 이랬던 내가 금방 저랬다는 네가 된다. 이를 두고서 달리 말
해서 마음의 성형수술이라고 하자.

메모하자. 이는 자신의 부정적 이미지를 스스로 바꾸게 되는 유
일한 정신치료법이다. 안 된다, 라고 쓰면 안 되는 인생이 된다. 하지
만 된다고 적기 시작하면 되는 인생으로 바뀌는 법이다. 세상사, 그
런 거다.

인생의 지혜와 통찰의 안내서라고 할 수 있는 『사기史記』을 지은
이가 누구던가. 그의 이름은 사마천司馬遷이다. 이를 모르는 성인은 없
다. 하지만 그가 나이 47세에 인생의 막장이라고 할 수 있는 사형을
선고 받았고, 이윽고 48세에 치욕적인 궁형을 당했다는 역사적 사실
은 어쩌면 잘 모를 것이다.

만약에 그 한창 나이에, 남자로서 가장 치욕스런 형벌인 궁형을

당하고 자포자기하는 심정으로 삶과 꿈, 희망을 중도에 포기했더라면 어떻게 되었을까? 오늘날, 불멸의 중국 역사서로 평가되는 『사기』라는 역작이 탄생되고 전해질 수가 있었을까.

사마천, 그는 자신의 불운을 탓하지 않고 오히려 전화위복의 기회와 행운으로 만들었다. 사마천도 이순신 장군처럼 『사기』라는 역작을 쓰기 위해 모든 것을 버린 것이다. 궁형이라는 엄청난 치욕에도 아랑곳하지 않고 기꺼이 감내할 수 있었던 것이다. 그에게는 붓과 종이가 있었기에 가능했던 일이다.

딱풀 과

기억은 하등 믿을 게 못 된다. 하지만 기록述은 기억과는 차원이 다르다. 기록했기 때문에 기억나는 일은 왕왕 있지만 기록하지 않았는데 기억나는 일은 거의 없다.

얼굴을 기억하는 것보다는 이름을 기록해 두는 것이 인간관계에서 신뢰로 더욱 더 빛나는 거다.

기억이 포스트잇 같다면, 기록은 딱풀 같은 것일지도 모른다.

베스트셀러 『멀리 가려면 함께 가라』를 읽다가 퍼뜩 든 내 생각이다.

포스트잇과 딱풀을 한번 생각해보자. 삼성경제연구소의 강신장 전무는 사람을 '딱풀 과'와 '포스트잇 과'로 분류한다고 한다. 필요할 때 붙였다 뗐다 할 수 있는 메모지인 포스트잇은 참 편리한 제품이다. 하지만 때로는 꼭 필요할 때 온데간데없이 사라져 우리를 당황하게 할 때가 있다. '포스트잇 과' 사람들은 바로 필요할 때 붙었다가 쉽게 떨어져 나가는 사람들을 말한다.
한편 '딱풀 과'는 좀 미련한 종족이다. 뭐가 '좋다' 하면, 혹은 '이게 맞다' 싶으면 그 사람 하나 보고 미련하게 끝까지 남아 있다. 딱풀로 강하게 붙여놓은 것은 갑자기 떨어져 나가 사람들을 당황하게할 염려가 없어 좋다.[1]

포스트잇이 기억과 비슷하다면 딱풀은 기록과 비슷하다. 온데간데없이 사라져 우리를 당황하게 만드는 게 기억인 데 반해 기록은 잘하면 끝까지 내 곁에서 온전하게 남아 있기 때문이다. 다음은 삼성경제연구소가 뽑은 커뮤니케이션 분야 대표 강사 이종선의 솔직한 고백이다. 고백은 위에 소개한 책이 그 출처다. 왜 살면서 술述이 필요한지 그 이유를 살짝 엿볼 수 있는 대목이다. 저자의 솔직한 육성은 독자로 하여금 가슴을 뭉클하게 만든다.

어느 날, 하늘의 경고처럼 어이없는 일이 일어났다. 휴대 전화를 만지작거리다가 '초기화'라는 버튼을 호기심에 눌러보았는데 모든 전화번호가 지워져 버린 것이다. 단 몇 초 사이에 전화번호 함은 텅

비어 버렸다. 순간 기분이 얼마나 멍했는지 모른다. 마치 사막 한복판에 홀로 서는 느낌이 들었다. 지난 15년간의 관계들과 나는 아무 상관이 없어져 버렸다. 지극히 수동적인 관계로 전락해 버린 것이다. 그들이 나를 찾지 않는 한 나는 그들을 찾을 수 없게 되었다.

사실 그간 나는 내가 늘 시간에 쫓김을 알고 있을 상대에게 무언의 양해를 구하며 부재중의 전화에 소홀하거나 더 급한 일 때문에 미룬 적이 많았다. 가까운 사이일수록 더 그랬던 것 같다. 내게 안부를 물어 주고, 건강을 염려해 주고, 격려해 주는 그들에게 받는 것에만 점차 익숙해져가고 있었다. 그러다가 벌 받은 그날 이후, 나는 부재중 전화가 와 있으면 바로바로 전화하여 누구인지 확인하고 정성껏 번호를 입력해둔다. 저장된 번호가 1,000개 넘던 때는 1년에 한 번 안부 전화하는 데도 소홀하더니, 요즘은 한 개 한 개가 소중하다. 이제 겨우 스무 개 남짓 모인 번호들에 안부 문자도 종종 보낸다.[2]

세상을 내 편으로 만든 사람들이 언제 어디서나 승자가 되는 법이다. 내 편으로 만들려면 내가 아는 상대를 두고 "누구?"냐고 기억이 안 난다며 되묻는 식이면 곤란하다. 그것은 인간관계에 있어서 예禮가 아니다. 그뿐인가. 신信도 의義도 나아가 인仁도 아니다. 평판이 좋아질 리 없다. 말 그대로 4가지 없는, 그래서 시쳇말로 '싸四가지 없는 인간'이라는 소리를 듣게 되는 거다.

'싸띠가지 없는 인간'이 사회에서 성공하는 법은 없다. 세상을 내 편으로 만들 수가 없기 때문이다. 이에 대해 『멀리 가려면 함께 가라』는 최초로 비행기를 발명한 라이트 형제를 그 예로 든다.

비행기를 최초로 발명한 이들이 라이트 형제라는 건 초등학생도 안다. 그런데 그들은 발명만 했다. 그들은 결국 세상에서 밀려났다. 그 엄청난 업적에도 불구하고 고립됐다. 비행기를 만들려는 사람들을 다 고소하고 자신들의 업적에 취해 발전을 게을리했던 라이트 형제 대신 세상은 글렌 해먼드 커티스를 택했다. 자동차 왕 헨리 포드까지 나서서 심성 좋은 비행기 발명가, 커티스가 라이트 형제와의 재판에서 이기도록 힘써 주었다. 라이트 형제가 최초로 비행기를 만들었지만 그들이 만든 항공사는 바로 세상에서 없어진 반면, 커티스의 항공사는 미국 최대 항공사로 성장을 거듭했다. 이 차이가 뭘까. 자신의 것을 자신이 다 가지려는 것과 시작은 자신이어도 세상 사람들에게 이롭게 나누려는 차이다. 그리고 그 작은 차이가 엄청난 차이를 만들었다. 나의 꿈을 이루는 것 이상으로 남이 꿈을 이루는 것에 가치를 두는 사람들이 이긴다. 남들을 행복하게 하려는 것에 쓰는 시간은 자신에게 우연인 척하며 행운이라는 이름으로 돌아온다. [3]

내 인생, 내 사업이 술술 풀리지 않는 비밀의 근원을 파헤쳐 거슬러 올라가다 보면 좋은 사람들, 또 나를 도와주려는 사람들을 가까이 곁에 둘 수 있는 술酒 사는 것에 인색한 결과이고, 또 싸가지 없이 행동할 수밖에 없는, 똑똑한 머리만 믿고, 술述의 힘을 본능적으로 무시한 결과 때문이다.

기억하는 것을 쓸모없도록 하라

예순을 넘기고도 호텔의 로비 라운지가 아닌, 던킨도너츠 가게에서 커피를 마시며 글을 쓰는 최고경영자CEO가 있다. 홈플러스 이승한 회장이다. 이 얼마나 멋진가! 남다르다. 대체 그가 그러는 이유는 뭘까. 세상이 말하는 부족함이 없어 보임에도 말이다.

새로운 아이디어를 떠올리기 위해서 그런다고 한다. 하지만 그것만이 전부는 아니다. 추측건대 행복한 내 인생을 지속하기 위해서 혹은 육체의 나이는 차마 어쩌지 못해도 생각은 청춘으로, 보다 젊어지기 위해서 그러는 게 아닐까.

최고경영자CEO의 개인 이미지 관리PI:Personal Identity를 도와주는 이종선 이미지디자인컨설팅 대표가 쓴 『멀리 가려면 함께 가라』

(갤리온刊)에 따르면 이승한 회장이 날마다 젊어지는 비결은 '몰입하는 순간' 덕분[1]이라고 한다.

하지만 필자는 '글을 쓰는 CEO'라는 문장에 더 이끌린다. 즉 '述의 힘'을 보았기 때문이다. 述이란 기록, 다른 말로 하자면 '메모Memo'다.

"메모는 특별한 사람만이 하는 것은 아니다. 남녀노소를 불문하고 누구나 할 수 있으며, 자신의 분야에서 한 단계 발전하기 위해서는 반드시 해야 하는 것이다."[2]

메모는 특별한 사람만이 하는 것은 아니다. 아무나 메모할 수 있다. 다만 메모하지 않으면 한 단계 레벨-업으로 발전하는 자기계발을 기대할 수 없다.

사카토 겐지가 쓴 『메모의 기술』이란 책의 추천사를 보자. 참고로 추천사는 윤은기 경영학 박사의 글이다.

언젠가 아인슈타인과 인터뷰하던 기자가 집 전화번호를 묻자, 아인슈타인은 전화번호 수첩을 꺼내 자신의 집 전화번호를 찾았다고 한다. 기자가 깜짝 놀라서 "설마, 댁 전화번호를 기억하지 못하는 건 아니시죠?" 하고 물었더니 아인슈타인은 이렇게 대답했다고 한다.

"집 전화번호 같은 건 잘 기억을 안 합니다. 적어두면 쉽게 찾을 수 있는 걸 뭣하러 머릿속에 기억합니까?"

위에 얘기는 우리에게 시사하는 바가 크다. 모름지기 장자가 말한 무용지용無用之用이라는 말과 통해서다. 말인즉 '쓸모없음의 쓸모'라는 뜻이다.

예컨대 기자에게 집 전화번호는 '쓸모있음'이다. 하지만 아인슈타인에겐 그렇지 않다. 집 전화번호가 순식간에 '쓸모없음'이 되기 때문이다. 기억으로 기록이 쓸모없도록 만드는 것에 패자가 익숙하다면, 승자는 기록으로 기억하는 것을 쓸모없도록 만드는 것에 익숙한 편이다. 이게 승자와 패자의 '차이'일 뿐이다. 윤 박사는 이렇게 말한다.

인간의 두뇌는 '하드 드라이버'라기 보다 '램RAM'이라고 하는 것이 옳은 개념일 것이라고 말이다. 말하자면 '무엇인가를 기억하기 위해 늘 고심하는 사람보다는 무엇인가를 창조하기 위해 노력하는(머리를 비우는 대신 전화수첩에 집 전화번호를 적는述 아인슈타인의 행위를 두고서 이를 설명하는 의미에서 노력이란 말로 대신한 듯하다)사람이 성공한다'[3]

머리가 복잡하면 정작 중요한 것을 담을 수가 없다. 때문에 굳이 승자가 메모하는 이유란 '잊어버리기 않기 위해 하는 것이 아니라 기록述한 후 잊기 위해 하는 것이다'는 말이 오히려 설득력이 생긴다.

〈인정사정 볼 것 없다〉(1999년 作)라는 영화에서 강력계 형사 박중훈의 대사 중에 이런 게 있다.

> "판단은 판사가 하고, 변명은 변호사가 하고, 용서는 목사가 하고,
> 형사는 무조건 잡는 거야!"

이는 제 할 일이 바로 '쓸모'라는 걸 강조하는 뜻이다.

인생도 그렇고 비즈니스도 그렇다. 제 할 일을 한 단계 레벨-업 하려면 쓸모없어 보이는 술酒자리가 마치 '굽은 나무가 대궐을 짓는 데 재목으로는 쓸모가 없지만 꼬부랑 할머니의 꼬부랑 지팡이로는 쓸모가 있다'[4]는 것처럼 돌변하는 거다.

또한 장자가 말한 '무용의 용'으로 기억이 무용이 되고 기록이 용이 될 수도 있음이다. 옛날 송나라에 손이 트는 데 바르는 고약을 만드는 재주, 즉 術에 능한 자가 있었다. 하지만

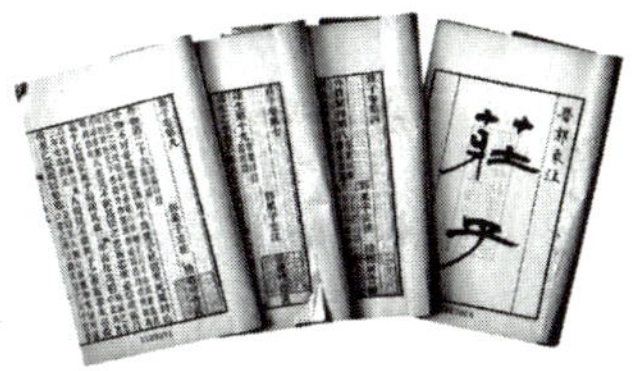

▲ 장자

그는 돈벌이가 되지 않는다고 어느 날 손님이 100냥을 낸다고 하니 얼른 재주를 팔았다. 어떻게 됐을까? 한 가지 재주에만 기댄 송나라 사람은 그냥저냥 살았지만 손님은 달랐다고 전한다.

오나라와 월나라의 전쟁(아이템의 발견)을 통해서 큰 부자가 됐다고 한다. 해서 재주만 있다고 큰 부자가 되는 것이 아니다. 술술술^{酒述術}에 두루 정통해야 성공한다.

1등의 끝없는 습관

"1등만 기억하는 더러운 세상."

KBS '개그콘서트'의 한 코너(나를 슬프게 하는 세상)에 등장했던 유행어다. 유행어를 되씹어 생각해보면 딱 맞는 얘기다.

지금 세상은 디지털리서치의 '개리 킬달Gary kildal'을 기억하려고 애쓰지 않는다. 다만 마이크로소프트MS의 '빌 게이츠'는 모른다고 말하지 않는다. 이렇듯 세상은 언제 어디서나 1등만을 기억한다.

참고로 디지털리서치DR는 세계 최초로 컴퓨터 운영체계OS를 만들어 한때 엄청 잘 나갔던 1등 기업이었다. 그러나 창업자인 개리 킬달의 착각과 잘못[1]으로 인해 DR-DOS는 1980년을 고비로 바람과 함께 사라졌다.

대신에 1등을 차지한 기업이 있다. 알다시피 빌 게이츠의 MS가 그 주인공이다. 결국 MS-DOS는 운영체계 시장을 싹쓸이 한다. 이 놀라운 이야기는 손욱 (주)농심 전 회장이 쓴 『십이지 경영학』에 나온다.

"행복의 조건은 '인생의 고통에 어떻게 대응하는가'에 달렸다."

이렇게 주장하는 책이 있다. 『행복의 조건』이 그것이다. 저자는 책에서 이렇게 강조한다.

"나이가 들면 신경도 둔해지고 반사작용도 느려진다. 40대가 되면 훌륭한 유격수가 되기 어려우며, 민간 항공사의 조종사들은 환갑이면 퇴직한다. 75세를 넘기면 눈과 귀가 어두워지고 기억력이 떨어지고 관절이 쇠약해져 활동에 제약이 오기 시작한다. (중략) 그러나 인간은 평생 동안 무의식적 방어기제들을 통해 스스로를 치유할 수 있다. 뇌가 병들지 않는다면 75세가 되어서도 25세 때보다 그 기제들을 더 능수능란하게 사용할 수 있다."[2]

나이가 들면 우리의 '뇌'가 병든다. 그렇기 때문에 뇌가 병들도록 삶을 방치하지 않으려면 평생 동안 '무의식적 방어기제들'을 통해 스스로를 건강하게 치유하고자 노력할 필요가 있다.

무의식적 방어기제들 중에는 투사Projection, 수동 공격성Passive aggression, 분열dissociation, 행동화acting, 환상fantasy처럼 나쁜 영향을 끼치는 기제들이 있는가 하면 승화, 유머, 이타주의, 억제와 같이 좋은 영향을 끼치는 기제들도 있게 마련이다.

행복해지려면 뇌가 병들지 않고 오랫동안 건강해야 한다. 그러기 위해서는 뇌를 부지런히 움직여야 한다. 『뇌를 움직이는 메모』는 이렇게 주장한다. 성공하는 사람과 성공하지 못하는 사람의 차이가 '메모에 있다'고 말이다. 그러면서 '우뇌와 좌뇌 활용법'을 자세히 소개한다. 〈표1〉이 그것이다.

〈표1〉

우뇌적 항목

- '하고 싶은 일이 무엇인지'를 항상 리스트로 정리한다.
- '이렇게 되고 싶다'고 생각하는 내용을 항목별로 적는다.
- 마음을 정리하기 위해, 자신의 감정이나 생각을 문장화한다.
- 자신이 꿈꾸는 미래의 이미지를 명확하게 그려본다.
- 그것을 스스로 확인할 수 있는 구조를 만든다.(좋아하는 인물의 저서를 읽는 등)

좌뇌적 항목

- 해야 할 일을 매일 검토하여 우선순위를 확인한다.

위의 항목과 일치하는 대표적인 직업군의 사람들을 소개하자면 기업의 'CEO'가 아닐까 싶다. 하루, 8만 6,400초를 치열하게 사는 대한민국 대표 CEO들의 인생과 경영 이야기를 책으로 묶은 『책 읽는 CEO』에 나오는 한 대목이다.

신 부회장은 두툼한 노트를 하나 보여줬다. 『로마인 이야기』 제5권을 읽고 직원들이 올린 제언을 묶은 일종의 책이었다. (중략) 그가 보여준 또 하나의 노트는 신 부회장 자신의 것이었다.

모두 15권에 달하는 로마인 이야기는 방대하기 짝이 없다. 기억력이 좋은 그조차도 간혹 중간중간 내용을 잊어버릴 정도다. 그래서 시간이 날 때마다 틈틈이 내용을 정리하기 시작했다. 신문을 보다 로마에 관련된 이야기가 나오면 따로 오려뒀다 이 노트에 스크랩을 하기도 했다. 이렇게 만든 『로마인 이야기』 노트를 비행기를 타고 가면서 읽거나 정리하는 방법으로 자신만의 지식으로 쌓고 있었다. [3]

신 부회장은 SK에너지 신헌철 부회장을 말한다. 그는 메모광이다. 기억력이 좋은 그조차도 일단 메모하고 시간이 날 때마다 틈틈이 내용을 정리한다. 이러한 그를 두고서 주변에서 말하길, 손만 대면 사업이 잘 된다고 해서 '미다스의 손'이라고 부른다고 한다. 이에 대해 신 부회장은 단지 운이 좋고 타이밍이 좋았던 거라고 겸손한 모습으로 인터뷰에 응했다고 책은 전하고 있다. 그런데 '미다스의 손'이 내 보기엔 '메모의 힘'에 있다.

삼성을 세계 초일류 기업으로 이끈 최고경영자CEO 중 한사람으로 명성이 자자한 손욱 (주)농심 전 회장은 『십이지 경영학』을 통해 기업 경영자에게 이렇게 당부한 바 있다.

기업 경영자는 상황을 정확히 인식하는 데 탁월해야 한다. 위기란 어느 날 갑자기 오는 것이 아니다. 문제가 쌓이고 쌓여 한꺼번에 터져나오는 것이다. 모든 사람이 위기임을 알아챌 정도가 되었을 때는 상황을 헤쳐나가기가 이미 매우 어렵다. 하지만 위기가 오기 전에는 반드시 징조가 있게 마련이다. [4]

징조란 다른 말로 '기미'를 의미한다. 기미는 아주 작은 '사소함' 정도로 크기를 무시할 만큼 보일지도 모른다. 그렇기 때문에 살아가면서 나에게 '사소한 실수'가 되는 것이다. 무릇 사소한 실수가 날마다 습관이 되면 엄청난 화를 불러일으킨다. 이른바 '깨진 유리창의 법칙'이라고 단적으로 말할 수 있다. 해서 알아채려면 기억이 아니라 기록해야 하는 것이다.

"1등만 기억하는 세상"이라고 한탄하고 울분할 필요가 없다. 대신에 1등은 '기록하는 것'에서 비롯된다는 것은 명심할 필요가 있다.

문종과 범려의 차이

구천이 오나라를 복속시킨 후 범려는 월나라를 떠나 제나라로 가서 자신의 친구인 문종文種에게 편지 한 통을 보내 이렇게 말했다.

"나는 새를 잡으면 좋은 활은 거두어지고, 교활한 토끼를 잡으면 잘 달리는 개가 삶아지는 법이오. 월왕 구천은 목이 길고 입은 새처럼 뾰족하니, 고난은 함께 할 손 치더라도 즐거움은 같이 나눌 수 없소. 당신은 왜 떠나지 않는 것이오?"[1](鳥盡弓藏, 兎死拘烹)

위에 이야기는 사마천의 『사기』에 등장한다. 구천은 '와신상담臥薪嘗膽' 고사의 주인공으로 월나라 왕을 말한다. 문종과 범려는 구천을 도와 오나라를 멸망시켰던 1등 공신이다.

관상학에서 말하길 '목이 길고 입은 새처럼 뾰족한 인물'을 꼬집어서 뭐랄까. "동고同苦는 가능하지만 동락同樂은 결코 할 수 없는 인물"로 설명한다.

이처럼 사람의 얼굴 생김새를 보고서 그 사람의 인격, 운명, 재운, 수명 등을 살피고 가늠하고 판단하는 것을 일러서 우리는 쉽게 '관상觀相'이라고 부른다.

다시 말해 범려는 관상을 매우 중요시했다. 그랬기 때문에 편지 한 통에 월왕 구천의 관상을 자세히 적어 보냈던 것이다. 그러나 문종은 어땠는가. 범려로부터 '은퇴하라'는 권고의 편지를 받고서도 이를 따로 적어두지 않았다. '술述의 힘'을 무시한 것이다. 나중에 문종은 구천이 내린 검으로 목숨을 스스로 끊을 수밖에 없었다. 1등 공신으로 구천 곁에 남고자 했던 문종은 이 때문에 후반생이 비극을 맞이했던 것이다.

그러나 범려는 달랐다. 모든 관직에서 스스로 물러날 줄 알았다. 재산을 정리하여 식구들과 함께 월나라에서 멀리 길을 떠났다. 이윽고 '제나라에 이른 범려는 성과 이름을 바꿔 스스로 치이자피라고 칭했다'고 한다.

참고로 '치이자피'란 중국 이름은 우리말로 해석하면 '술고래'라는 뜻이다. 이후 범려의 삶은 한마디로 행복했다. 그는 문종과 달리 '술술 풀리는' 인생으로 천하의 부자 상인이 되어서 남은 후반생도 희극으로 맞이했다고 한다.

'술술 풀린다'는 말을 한자漢子로 압축하자. 그러면 '성공成功'이 된다. 서강대 김근 교수는 『욕망하는 천자문』에서 이렇게 설명한다.

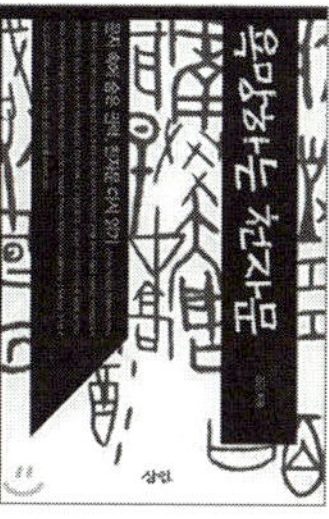

'이룰 성(成)' 자는 '도끼 무(戊)'와 '고무래 정(丁)'으로 이루어졌다. 여기서 '정(丁)' 자는 '두드릴 정(打)' 자와 같은 뜻으로 쓰였으므로 '성(成)' 자의 자형적 의미는 '도끼나 망치, 끌 같은 도구를 계속 두드려서 무엇인가를 만들어내다'가 된다. [2]

기막힌 해석이다. 공(功) 자도 성(成) 자와 마찬가지다. 정교한 장식을 의미하는 공(工) 자와 자기계발을 뜻하는 력(力) 자가 합쳐진 것을 볼 수 있다. 요컨대 공(功)이란 '스스로 힘으로 (무언가를) 정교하게 장식하다'는 의미가 함축된 한자다.

그렇기 때문에 '성공(成功)'이란 한자의 의미를 두고서 '(문제가 막히지 않고) 술술 풀린다'로 정의하고 주장하는 것이다.

자신의 업무가 잘 풀리지 않는다고 지금 고민하는가. 이때 고민보다 효과적인 것이 '메모'가 된다. 사카토 겐지는 『메모의 기술』에서 다음과 같이 조언한다. '업무를 시작하기 전의 메모'[3]가 바로 그것이다.

술을 많이 마신 다음날이나 장기 휴가를 마치고 출근한 날에는 일
의 능률이 오르지 않는다. 이럴 때 상사에게 잔소리를 듣거나 문제
가 발생하기 전에 머릿속을 정리하려면 어떤 메모를 해야 할까?

우선 그날 할 일을 정리한다. '처리할 일'의 리스트를 작성하는 것
이다. 여러 가지 방법이 있지만 나는 다음과 같은 방법을 애용한다.

❶ 먼저 큰 종이에 자신의 기분이나 심적 상태를 적는다. 어
느 정도의 일을 소화할 수 있을지를 체크하는 것이다.

❷ 날짜, 요일, 시간을 큰 글씨로 적고, 요일별로 평소의 업무
를 적는다.

❸ 해야 할 일이 무엇인지 적는다.

❹ 그 아래에는 그 일을 지금 해야 하는지, 아니면 오후에 해
도 좋은지를 적는다.

❺ 일의 요약, 정리함으로써 머릿속이 정리된다.

이렇듯 '적는다述'에 충실한 자세로 임하고 즐거운 나날을 보내
면 어느새 당신은 훌륭한 사원이 된다. 어디 그뿐인가. 당신도 기업
의 임원이 되고 경영자가 될 수 있다.

군자유삼변

"군자유삼변君子有三變."

군자에겐 '세 가지 모습의 변화'[1]가 있다는 뜻이다.

이 말은 고전 『논어』 '자장子張'에 등장한

다. 자장은 자하, 자유, 증자, 공서화 등과 마찬

가지로 공자의 제자들 중에 가장 연령이 젊은

그룹에 속했다고 한다.

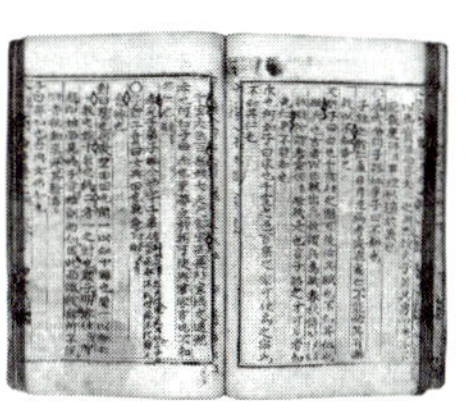

▲ 논어

'군자'는 그들의 스승인 '공자'를 가리킨

다. 스승은 오늘날 조직과 기업의 '리더'로 '최고경영자CEO'로 볼 수

도 있다. 이 점에 착안하면 '세 가지 모습의 변화'는 자연 공감되는 2

천 년 이상의 '통찰력'으로 믿어 의심치 않아야 할 명언인 듯하다.

그렇다면 세 가지 모습의 변화는 구체적으로 무엇을 말하는가. 논어는 이렇게 적는다.

"(군자=스승=리더=CEO) 멀리서 바라보면 근엄하고 직접 접해 보면 따뜻하고 그 말을 들어 보면 엄정하다(망지엄연望之嚴然, 즉지야온卽之也溫, 청기언야려聽其言也厲)"는 말이 그것이다. 이 말은 오늘날에도 100% 공감이 된다.

가난한 청소년 시절을 겪고 야간 상고 출신의 학력으로 명문대 출신들이 즐비한 금융계에서 '성공한 CEO'로 존경을 받는 인물이 있다. 신한금융지주 라응찬 회장이다. 그에 대한 세간의 인물평을 종합하면 '君子有三變군자유삼변'으로 설명할 수 있다.

이에 대해 기자에서 특파원을 거쳐 대기업 임원으로 경영 현장을 두루 누빈 체험을 바탕으로 쓴 『CEO 책읽기』의 저자인 고승철은 라 회장의 인물평을 이렇게 책에 적었다.

그는 전형적인 외유내강外柔內剛형이다. 언제나 미소를 머금은 표정이지만 원칙에 어긋나는 청탁은 받아들이지 않는 강단이 있다. 1983년 그가 신한은행 상무이던 시절에 당시 부총리에게서 연락이 왔다. 한 사람을 추천하면서 신한은행에 입사시켜달라는 것이었다. 그는 "부총리의 청탁을 들어주면 다른 청탁을 물리칠 명분이 없다"라며 끝내 거절했다. 금융인 출신의 부총리는 과거 그가 모시던 상사인 인연도 있었다. 부총리는 "라 상무는 참 독한 사람"이라

며 "내 부탁마저 거절할 정도이니 은행이 잘 될 것"이라 말했다.[2]

'미소를 머금은 표정'은 그에게 가까이 다가갔을 때 확인이 가능하다. 또 '참 독한 사람'이란 말의 속내는 무엇인가. 이는 '그 말을 들어 보면 엄정하다'는 뜻이다. 그리고 '원칙에 어긋나는'에서 '근엄함'을 짐작할 수 있다. 그렇기 때문에 라 회장의 성공 비결이 '세 가지 모습의 변화'라는 걸 우리는 확인할 수 있다.

세 가지 변화를 자세히 살피고 배워야 한다. 장차 '성공하는 CEO'가 반드시 되고자 한다면 말이다. 그러기 위해서 언제 어디서나 누가 지켜보지 않더라도 항상 '의젓한嚴' 모습을 잃지 말아야 한다. 이는 '신뢰'가 생겨나기 때문이다. 가까이 사람을 대할 때 항상 '따뜻한溫' 미소를 잃지 말아야 한다. 그러면 '충성'이 따르기 때문이다. 말을 할 때는 '엄해야厲' 한다. 이를 상대에게 행동으로 옮기는 '리더십'으로 번지기 때문이다.

"그 양반 사장 되고 나더니 변했어. 부장 때만 해도 안 그랬는데…. 거드름 피우는 데 정말 못 봐 주겠어."라는 사람들의 불평이 하나둘씩 나오는 순간 'CEO 성공'은 머잖아 깨진 유리창이 된다.

이에 대해 『논어』는 이렇게 말한다.

"군자의 잘못은 마치 일식이나 월식과 같아서 잘못이 있으면 모든 사람들이 다 그것을 우러르게 된다."[3]

리더와 CEO의 잘못은 해와 달처럼 사람들의 눈을 피해 영원히 감출 수 없는 것이다. 이에 대해 경영 컨설턴트는 곧잘 '리더십 RAV 바이러스'로 비유한다.

R은 책임감(Responsibility), A는 권한(Authority), V는 비전(Vision)을 가리킨다. 'RAV'. 즉 세 가지의 변화에 익숙하지 않으면 리더도 그렇고 CEO도 마찬가지로 누구나 심각한 '바이러스(병)'에 걸린다고 그런다. 리더십에 문제가 발생한다는 뜻이다.

"군자는 자신의 무능함에 대해 부심할 뿐 남이 나를 알아주지 않는 것에 대해 부심하지 않는다(君子病無能焉, 不病人之不己知也)."[4]

RAV 바이러스는 '나'의 무능함, 부담감, 초조함에서 비롯되는 병이다. 결코 '남'이 '나'를 알아주지 않는 것에서 오는 병이 아니다. 그럴 바에는 '후안흑심(厚顏黑心-얼굴이 두껍고 마음이 검어야 의사결정을 잘 한다는 뜻)'이 진통제가 된다.

다른 방법도 있다. '잠자며 쓰기述'가 그것이다. 퀴크 북스의 공동 발행인이자 편집장인 '제이슨 르쿨락'은 『아이디어 블록』에서 다음과 같이 효과를 적는다.

"막혔을 때, 잠을 자면 신기하게도 문제가 풀린다고 한다. 잠잘 때 잠재의식이 문제 해결을 도와줄 수도 있다. (중략) 낮 동안 어떤 문제에 집중하다가 잠들었을 때, 그러니까 문제를 풀기 위해서 이런 저런 해답을 제시해 보고, 잠들기 직전까지 그 화두를 붙들고 생각했을 때, 아침에 눈을 뜨면 정답이 떠오르곤 한다. (중략) 고민하면서 잠들어 보라. 아, 아침에 일어났을 때 재빨리 메모할 수 있는 종이를 옆에 놔두는 걸 잊지 말라."[5]

핵심은 '고민하는 힘'에 있다. 그것이 현실이 되려면 무엇보다 내 옆에 항상 종이와 펜이 준비되어 있어야 한다. 문제가 해결되는 찰나를 기억하려는 자는 어리석은 패자가 되지만 기록하려는 자는 언제 어디서나 인생과 비즈니스의 승자가 되는 법이다.

그런 의미에서 『꿈을 이루어주는 코끼리』에 나오는 코끼리(가네샤)의 조언은 메모할 필요가 있다.

▲ 가네샤

"정말 성공하고 싶다고 생각하는 사람들은 무엇이든 해 보게 되어 있어. 조금이라도 가능성이 있는 거라면 무엇이든 실천해 보지, 요컨대 '어처구니없다'든가 '의미가 없다'면서 실천하지 않는 사람은 그렇게 노력하면서까지 성공하고 싶지는 않다고 말하는 것과 같아."[6]

패자는 '해 보지도 않고'서 '어처구니없다'는 식의 반응을 보인다. 승자는 '조금이라도 가능성이 있는 거라면 무엇이든 해 보려고 노력한다'는 것이 패자와 다른 점이다.

"군자유삼변君子有三變."

해 보지도 않고서 먼저 비웃고자 하는 마음의 준비를 하는가. 아니면 '맞는 얘기다'라고 하면서 머릿속으로 기억하고자 하는가. 정말 당신이 성공하고 싶다면 '재빨리 메모할 수 있는' 사람으로 변화하려고 노력해야 할 것이다.

하세가와의 40년 비밀

“능력만 갖고는 조직에서 절대 성공할 수 없다. 한 가지 더 필요한 게 ‘인간력’이다. 일에 대한 태도, 열정, 조정력 등이 인간력이다. 이 두 가지가 겸비돼야 조직에서 리더가 될 수 있다.”

『사장의 노트』에 나오는 말이다. 저자 하세가 와 가즈히로 회사력연구소 대표는 27세 때부터 세계 유수의 다국적기업 등 비즈니스 현장에서 체험한 노하우와 아이디어를 메모한 200여 권의 노트를 토대로 책을 만들어 냈다. 출간 즉시 일본 아마존 베스트셀러에 진입했으며,

출간 3개월 만에 무려 30만 부가 판매되었다고 한다.

이 책은 한 신문(한국경제신문 2010년 2월 5일)에 실린 서평을 보고서 처음 알았다. 가슴이 뛰었다. 그리고 퍼뜩 『논어』에 등장하는 한 말씀을 떠올렸다. 말씀은 '자한子罕'에 등장한다. 소개하면 이렇다.

"선생님 말씀하시다. 싹으로서 꽃 피우지 못한 자도 있고,

꽃 피우고는 열매 맺지 못한 자도 있게 마련."[1]

(子曰 苗而不秀者, 有矣夫, 秀而不實子, 有矣夫)

여기서 중요한 것은 세 가지다. 묘苗(싹), 수秀(꽃), 그리고 실實(열매)이 바로 그것이다. 해마다 나무는 겨울을 견디고 봄이 오면 새싹을 틔운다. 놀라운 것은 '꽃은 언제나 묵은 가지에서 핀다'는 사실이다.

영산대 배병삼 교수는 논어의 말씀을 주석하면서 '조선조의 인파선사人坡禪師가 남긴' 시 한 수를 통해서 '싹'과 '꽃'의 차이가 어디서 오고 또 왜 다른가를 '적절한 것'으로 설명하며 인용했다. 옛시를 소개하자면 이렇다.

樹樹皆生新歲葉 (수수개생신세엽)
나무마다 새해 되면 잎이 나지만

花花爭發去年枝 (화화쟁발거년지)
꽃은 언제나 묵은 가지에서 피네

꽃은 '거년지去年枝'에서 피우지, '신년지新年枝'에
서 피우지 못하는 법이다. 이는 마치 말콤 글래드웰
이 『아웃라이어』에서 강조한 '1만 시간의 법칙'과
맥락이 상통하는 셈이다.

마찬가지로 하세가와 대표가 『사장의 노
트』에서 말하는 '능력'이란 내 보기에 '싹'이다.
싹으로는 '꽃'(성공)을 피우지 못한다는 이야기와 다르지 않다.

이를테면 태도, 열정, 조정력 등의 인간력은 '묵은' 세월을 인간
사, 기업의 세계에도 자연과 같이 필요로 한다. 그러므로 인간력 운
운은 어쩌면 논어의 말씀과 다를 바 없다. 그러니 꽃을 이미 피웠다
고 자만할 것인가. 그러면 안 된다. 꽃 피우고 '열매 맺지 못한' 최고
경영자CEO가 세상에 어디 한둘뿐이겠는가.

1993년 회사력연구소를 열어 부실기업에 경영 컨설팅을 해주는
일을 시작했다는 하세가와 대표의 경우를 보자. 그의 성공 신화가 이
룩되는, 즉 열매를 맺는 것에 있어서 '아이디어 노트 200권'을 빼놓
을 수 없을 것이다. '40여 년간'을 묵은 노트가 있었다. 그랬기에 불
과 3개월 만에 30만 부가 팔리는 '열매'를 맺을 수 있었으리라.

'학력學歷은 있어도 학력學力이 없는 사람'은 '싹'만 있을 뿐, '꽃'
을 피울 수 없다. 마찬가지로 기억만 가지고는 꽃을 피우기 어렵다.
때문에 '기록述'하는, 즉 그것을 '묵히는 시간'이 필요한 법이다. 요컨
대 '메모하는 습관'을 오랫동안 공들이며 키워야 한다.

여기 월급쟁이 출신으로 최고 반열에 오른 국내 기업인이 있다. 윤종용 삼성전자 상임고문이다. 세계일보 이보연 기자가 쓴 『CEO가 갖추어야 할 조건』에는 윤 고문을 이와 같이 소개한다.

윤종용 상임고문에게는 '한국 전자의 산 증인', '국보급 CEO'라는 수식어가 붙는다. 서울대 전자공학과를 졸업한 그는 1966년 삼성 그룹에 입사하면서 42년의 경영 인생을 시작했다. 그가 두각을 나타내기 시작한 것은 1977년 삼성전자 도쿄 지점장으로 발령받았을 때부터였다.

위에 글에서 우리는 알 수 있다. 입사(싹)는 1966년. 윤 고문이 두각(꽃)을 본격적으로 나타내기 시작한 것이 1977년. 이렇듯 한 분야의 전문가가 되려면 최소 10년의 묵은 세월(1만 시간의 법칙)이 필요한 법이다. '싹'에서 '꽃'으로 피어날 때 묵은 시간이 필요한 것처럼. 이윽고 이보연 기자는 윤 고문을 이렇게 설명한다.

그가 일본어에 능통하고 뛰어난 영어 실력을 갖추기 시작한 것도 그 무렵이었다. 이후 1980년대에 8개 사업 부문을 거치면서 그는 야전사령관의 면모를 갖추어가기 시작했다. 그는 삼성전자 가전 부문 대표이사 부사장(1990년), 삼성전기 사장(1992년), 삼성전관 사장(1994년) 등을 역임하면서 삼성을 대표하는 '테크노 CEO'로 인

정받았다.

윤종용은 꼼꼼하고 논리적인 성격으로 이건희 전 회장과 함께 삼성전자의 '신경영'을 주도했다. (중략) 윤고문은 소문난 '독서광'이다. 전공인 공학은 물론 인문학, 특히 역사학에 조예가 깊다. 미술사와 사서삼경을 비롯한 중국 고전에도 해박하다. 그는 미래를 예측하고 준비하기 위해 늘 도서관을 찾는 것으로 알려져 있다. 동서고금을 막론하고 인류의 큰 스승 누구라도 도서관에서 만날 수 있다는 것이 그 이유다. 윤 고문은 또한 중학교 때부터 써온 일기 습관이 남은 '메모광'이기도 하다.[2]

하세가와 대표가 27세 때부터 '메모'를 본격적으로 시작했다면 윤 고문은 '중학생' 때부터 메모를 했다. '어느 순간 갑자기' 식으로 꽃이 피는 것이 아니다. 윤 고문이 꽃을 피우기 시작한 것은 입사 후 10년 뒤였다. 그리고 최고경영자CEO라는 열매를 맺은 시기는 좀 더 뒤였다. 한 가지 더 있다. 그것은 능력 외에 '독서광'이라든가, 아니면 '메모광'이라는 인간력을 들 수 있다.

당신도 '꽃'을 피우고 싶은가. 간단하다. 하세가와처럼, 아니면 윤종용처럼 메모광이 되면 가능하다. 아직도 술자리에 기웃대서 받은 명함을 잔뜩 모아놓고 그것이 인맥이라고 떠드는가. 그것은 당신의 오해이고 '착각'일 뿐이다.

하지만 명함에 그 사람에 대한 간단한 인상착의 혹은 특징 등을 적기述 시작한다면 얘기는 달라진다. 당신의 진정한 인맥이 되기 때문이다.

그리고 당신의 꼬였던 인생과 비즈니스가 그 때부터 찬란할 정도로 '술술 풀릴'지도 모를 일이다.

세한도의 한 줄

"인생이라는 것은 알고 보면 부단히 친구를 찾아다니는 과정이다."

기막힌 명언이다. 중국 문단을 대표하는 작가 쟈핑와가 『친구』(이레 刊)에서 한 말이다. 쟈핑와는 내 시간의 대부분을 친한 친구들이 점 령하고 있다면서 마치 '밥상에 놓인 생선요리와 같다'라고 속내를 고 백한 적 있다. 그렇기 때문에 이 사람도 와서 한 점, 저 사람도 와서 한 점씩 발라먹어 결국 뼈밖에 남지 않는 그런 생선으로 '우정'을 비 유한 것이다.

스페인을 대표하는 천재 화가 피카소는 언젠가 친구에 대해 이 렇게 말했단다.

"친구는 떠날 수 있어서 좋다. 나는 이전에는 나와 친구였지만 절교를 했거나 소원해진 친구들이 생각날 때면 그들의 장점이 떠오르면서 언제나 소름이 끼치도록 낙심했다. 그러나 지금은 많이 편안해졌다. 내가 그토록 낙담을 했던 까닭은 친구를 나 자신이나 가족으로 여겼기 때문이다. 그러나 친구는 친구일 뿐이다. 친구는 봄날의 꽃이다. 겨울에는 찾아볼 수 없는 꽃이다. 친구는 꼭 지기가 아닐 수도 있다. 지기가 꼭 친구일 필요도 없다. 지기가 꼭 사람이 아닐 수도 있다. 그는 나를 먹을 수도 있고, 나를 훼손할 수도 있다. 그게 뭐 대수겠는가?"[1]

그런가 하면 일본 연예계를 대표하는 기타노 다케시의 친구에 대한 생각은 또 어떠한가. 그는 『생각노트』(북스코프刊)에서 이렇게 '우정'에 대해 깔끔하게 정리한다.

"우정을 돈으로 살 수 없는 것은 당연하다. 왜냐하면 그런 것은 처음부터 존재하지 않기 때문이다. 없는 것을 사려고 해서는 안 된다. (중략) 네가 곤란하면 나는 언제든지 도와줄 수 있다. 하지만 내가 곤란할 때 나는 절대로 네 앞에 나타나지 않을 거다"[2]

마음가짐이 필요하다고 말이다.
말하자면 나는 너를 도와주었는데 너는 왜 도와주지 않는 거야

하는 식은 처음부터 우정이 아니라는 뜻이다. 마치 쟈펑와의 '밥상에 놓인 생선요리와 같다'는 식이다. 다시 말해, 우정이란 내가 저쪽에다 일방적으로 주는 것(생선요리)이지, 저쪽에서 얻을 수 있는 뭔가가 아니다.

　얼마 전 일이다. 나는 출판사 문학동네가 펴낸 '키워드 한국문화' 시리즈의 하나인 『세한도』를 감동하며 읽었던 적이 있다. 조선 사람들 모두가 추사 김정희 선생(1786~1856)에게 등 돌릴 때 '얼굴 한 번 본적도 없는 사이'였던 역관 이상적 선생(1804~1865)이 추사에게 보여준 행동(어떤 대가를 바라지 않고 수많은 책, 붓과 먹, 벼루, 종이 등을 지속적으로 제주도에 있는 추사에게로 보내준 우정을 말한다) 즉, 이러한 우정이야말로 가히 쟈펑와가 한 말이나 기타노 다케시의 생각을 훨씬 앞지르는 '우정'이 아닐까?

▲ 추사 김정희의 '세한도'

　추사는 '세한도'를 그리며 우정에 답했다. 이는 스페인을 대표하는 천재 화가 피카소가 단지 '겨울에 볼 수 없는 꽃'으로 우정에 대해 비유하여 정의한 것보다 훨씬 세련되고 멋지다. '꽃'보다 '나무'로 비유해서다. 요컨대 『논어』자한에 등장하는 '세한연후지송백지후조歲寒然後知松柏之後凋'라는 구절이 그것이다. 그러므로 '우정'이 무엇인지를 우리에게 덜도 아니고 더도 아니게, 있는 그대로 전달한다.

친구는 봄날의 꽃이다. 겨울에는 찾아볼 수 없는 꽃이다, 라는 피카소의 말도 참 멋지다. 하지만 이보다는 오히려 "겨울이 되어서도 소나무와 잣나무는 푸르다"는 희망적인 우정의 진리를 재발견한 추사의 관점은 더더욱 멋지고 신선하다. 한국인 정서에 그대로 통한다. 이 때문에 훨씬 감동적이다.

추사는 평소 『논어』를 즐겨 읽었을 것이다. 그러다가 좋은 구절은 만나면 관주(貫珠, 중요한 구절 오른쪽에 둥근 모양의 표시를 한 것)든, 비점(批點, 관주와 같지만 오른쪽에 점으로 표시한 것)이든 책에 표시를 남겼을 것이다. 때로는 필사(筆寫, 붓으로 베끼는 것)도 응당 마다하지 않았으리라. 수시로 적었을述 것이다.

옛사람이 대나무를 그릴 때는 반드시 마음속에 대나무를 완성하고 나서야 붓을 들었다고 한다. 추사 전문가인 고문헌 연구가 박철상은 『세한도』라는 책에서 이렇게 적고 있다.

붓을 든 추사는 자신의 처지와 우선(이상적을 말한다)의 절개를 비유한 그림을 그려나갔다. 창문 하나 그려진 조그만 집 하나, 앙상한 고목의 가지에 듬성듬성 잎이 매달린 소나무 하나, 그리고 나무 몇 그루를 그렸다. 눈이 내린 흔적도 없지만 바라보기만 해도 한기가 느껴질 정도로 쓸쓸하고 설렁했다. 집 안에는 누가 있을까. 추사 자신만이 혼자 남아 있을 것이다. 저 앙상한 나무들마저 없다면 그 쓸쓸함을 저 집 혼자 감당할 수 있을까. 추사는 또 다른 종이 위에 칸을 치고 글씨를 써내려갔다.[3]

글씨는 '세한연후지송백지후조歲寒然後知松柏之後凋'라는 명구를 말한다. 경성제국대학 교수였던 후지쓰카 지카시(1879~1946)는 중국 베이징의 골동가게에서 우연히 '세한도'를 발견한다. 그리고 그림을 처음 보는 순간 전율과 감동에 빠진다. '명품의 탄생'을 보았기 때문이다. 2007년 5월 22일. 서울 옥션의 경매 현장에서 화가 박수근의 '빨래터'가 무려 49억2천만 원에 낙찰된 적 있다. 그렇다면 추사의 '세한도'를 경매에 붙인다면 얼마쯤에 낙찰될까?

나는 피카소와 마찬가지로 제주도 유배시절(1884년)의 추사 김정희 선생이 정치에 소름이 끼치도록 낙심하면서 이에 좌절하지 않고 명품 '세한도'를 친구 이상적을 위해 마음 그대로를 표현한 '우정'이 새삼 지금에도 인간적이기에 놀라면서 감동할 뿐이다.

『사장의 노트』의 저자인 하세가와 가즈히로는 "나는 노트를 기록

하는 습관을 통하여 스스로를 단련할 수 있었고 수많은 지적 재산을 얻었다"고 자신의 성공 비결이 '메모 습관'인 것을 고백한 바 있다.

삼류는 돈 없다고 투덜댄다. 그러나 이류는 약간 다르다. 돈 없는 이유가 무엇인지 투덜대지 않고 솔직히 적었을 뿐이다. 이게 '차이'다. 그러니 자기발전을 위해서 '기록하라'는 것이다. 하세가와 가즈히로의 경우, 자신의 '머리가 굳어졌다는 느낌이 들 때 습관적으로 하는 행동'[4]이 세 가지가 있단다.

❶ 틈 날 때마다 '읽고 쓰고 계산'한다.

❷ 적극적으로 사람들과 커뮤니케이션을 한다.

❸ 손을 사용하여 무엇인가 만드는 작업을 한다.

1은 메모이니 '술述'이다. 2는 의사소통을 말하니 '술酒'이다. 3은 궁극적으로 재주를 완성하는 '술術'이나 다름없다. 이처럼 일류는 어떤 식으로든 자기발전을 위해 '술술술 자기경영'을 스스로 할 줄 안다. 성공 또는 실패하는 인생과 비즈니스의 차이도 알고 보면 부단히 적고, 안 적고의 아주 단순한 차이 때문에서 비롯되는 것이라고 생각한다. 소설 『임꺽정』에 등장하는 칠두령의 청석골 남자들에게 부족

했던 게 있었다면 문자를 워낙 싫어하는 메모 습관이 결여된 점을 들
수 있다.

③

術

맹상군의 식객들

재주는 그것이 무엇이든 하찮은 게 하나 없다. 다만 꾸준히 연습해야 한다. 연습하지 않으면 내 재주가 꽃처럼 피어나지도 나무처럼 성장하지도 못한다.

또한, 재주는 하등 신분에서 오지도 않는다. 사마천의 『사기』에는 재주와 관련된 재미난 일화가 나온다.

전국시대 제齊나라의 왕족인 맹상군孟嘗君 전문全文은 화려한 명성으로 인해 주변에 갖가지 재주 있는 식객이 많았다. 당시 전국의 통일에 야심을 품고 있었던 진秦나라의 소왕昭王은 맹상군을 자신의 재상으로 임명하고자 진나라로 초빙을 한다. 소왕의 부름 때문에 맹상군은 많은 식객들과 함께 진나라로 들어가게 되었다. 그리고 진상품으로 당시 최고의 보물이었던 여우의 겨드랑이 털로만 만든 갖옷인 호백구를 소지했다고 한다.

소왕을 알현하고 호백구를 진상하고 조정을 내려오자, 맹상군은 진나라 조정에서 타국의 귀족을 재상에 앉힐 수 없다는 반대여론에 부딪혔다. 이 때문에 여론은 맹상군을 살려 보낼 수 없다는 소문이 돌았다. 이 소문을 접하고 위기를 모면할 방도를 찾다가 당시 진나라 소왕의 총애를 받던 애첩 행희幸姬에게 접근해 무사 귀환을 부탁한다. 하지만 행희는 조건으로 맹상군이 가져온 호백구를 요구한다. 맹상군은 고민에 빠지게 된다.

이때 함께 온 식객 가운데 좀도둑질 하던 식객이 있었다. 그는 자신이 나서서 왕실 창고에 있는 호백구를 가져오겠다고 했다. 그러고는 밤에 개 흉내를 내어 진나라 왕실 창고로 들어가서 바쳤던 호백구를 훔쳐서 행희에게 주니, 행희의 간청으로 맹상군 일행은 무사히 석방이 되었다고 한다.

그런데 위기는 또 기다리고 있었다. 일행이 왕궁을 빠져 나와 야반도주로 달려 진나라 국경 지역인 함곡관函谷關에 이르게 되었다. 그런데, 당시 진나라 법에는 첫 닭이 울어야 함곡관의 문을 열어주게 되어 있어서 아직 새벽이 되지 않은 상태에서 진나라를 벗어날 수 없었다. 곧 진나라의 추격대가 닥칠 것 같았다. 그런데, 이 때 마침 식객 가운데 성대모사를 잘하는 자가 나서 닭 울음소리를 흉내냈

다. 그랬더니 주변의 닭들이 따라 울어 함곡관 관리가 문을 열었고,
맹상군 일행은 제나라로 무사귀환 할 수 있었다.

『史記』, '맹상군열전' 中

이른바 '계명구도^{鷄鳴狗盜}'와 관련된 옛이야기다. 여기서 '좀도둑
질 하던 식객'이 '개 흉내'를 내는 것이나 '닭 울음소리를 내는 식객'
의 재주가 보통 수준이 아니라는 것을 우리는 쉽게 간파할 수 있다.

아울러 당시에는 남들이 하찮게 여겼던 재주를 평상시 홀대에도
불구하고 당사자는 부지런히 갈고닦아 재주를 키웠다는 것을 짐작할
수 있다.

베스트셀러『아웃라이어』를 보자. '좀도둑질 하던 식객'이나 '개
흉내'를 내는 식객을 놓고 보자. 그들은 말콤 글래드웰이 주장하는 '1
만 시간의 법칙'을 이미 당시에 적용하고 있었을 것이다.

1만 시간의 법칙이란 무엇인가. 그것은 자기 분야에서 '성공의
기회'를 잡기 위해서 매일 하루도 빼놓지 않고 3시간을 연습한다고
가정했을 때, 무려 10년 세월을 연습으로 절대 필요로 하는 시간의
투자를 말한다. 말하자면 식객은 아웃라이어(보통사람의 범위를 뛰어넘
는 전문가를 말한다. 다른 말로 하자면 '고수^{高手}'다)가 되는 셈이다.

비단 재주가 개 흉내든 아니면 닭 울음소리든 당사자 자신이 그
것을 좋아하지 않거나 관심을 가지고 사랑하는 자기 분야가 아니라
면 재주가 꽃 피울 '가능성'은 씨앗도 땅에 뿌리지 못하고, 나무로 자

라서 꽃으로도 피지 못하며, 열매도 맺지 못
했을 것이다. 다만 문제는 재주가 '쓸 데가
없다'는 식으로 자기 분야를 과소평가하는
것이다. 그리고 재주를 아웃라이어 수준의
단계로 연습하지 않는 것에 있다.

고전평론가 고미숙은 『임꺽정, 길 위에
서 펼쳐지는 마이너리그의 향연』에서 다음과 같이 강조한다.

> '꺽정이가 한 시대를 주름잡을 수 있었던 것은 엄청난 수련과정이
> 있었기에 가능했다. 그냥 타고난 힘과 재주만으로는 결코 무언가를
> 이룰 수 없다. 반드시 그 힘과 재주를 갈고 닦는 수행이 수반되어야
> 한다. 여기에는 어떤 예외가 없다.'[1]

예리하고 빼어난 통찰력이다. 타고난 것만 가지고는 사람은 일
류가 될 수 없다. 시장엔 경쟁이 있고 또 연습벌레들이 많아졌기 때
문이다.

'수행'은 다른 말로 하자면 '연습'일 것이다. 이에 대해 '단련鍛
鍊'을 정의하길, 극진 가라테 창시자 최배달 선생(崔永宜, 1922~1994)
은 "천 일의 연습이 '단'이고, 만 일의 연습이 '연'이다"라고 말한 적
있다.

한국 불가佛家에서는 고승이 되기 위한 수행의 단계를 셋으로 나

눈다.

입문엔 독서(경전 공부) 10년, 이것이 끝나면 참선 10년, 그리고 마지막은 여행 10년이 그것이다. 이게 오브 코스(of course, 당연하다)라고 한다. 이렇듯 엄청난 시간을 투자하고 수행하지 않고서는 일신의 재주가 보석처럼 빛나지 않는다. 옛시에 '화발다풍우花發多風雨'라고 했으니…. 꽃을 피우려면 비·바람이 오는 것쯤은 아랑곳하지 않고 오로지 용맹정진 수행할 일이다. 또 인파선사가 말하길, '화화쟁발거년지花花爭發去年枝'라고 했으니 자고로 재주도 묵혀야 성숙해지는 것이 세상의 이치일 것이다.

아웃라이어가 되었든 달인이 되었든 "이것저것 대충 해선 안 되고 관문 하나를 반드시 통과해야 한다"[2]는 고전평론가 고미숙의 지론은 아무리 생각해도 딱 맞는 얘기다.

사소한 차이

'사소하다'는 것은 서로 상반된 두 가지 의미를 가지고 있다. '별것 아니다'라는 의미로 볼 수도 있지만, '쉽게 이룰 수 있다'는 긍정적인 의미로 생각해 볼 수도 있다.

베스트셀러 『사소한 차이』에 나오는 얘기다. 이 책의 저자이자 출판기획 전문가인 연준혁은 자기계발·역사·자녀교육 등 여러 분야의 출판기획을 하며, 대기업 최고경영자CEO를 비롯한 다양한 분야에서 성공한 사람들을 만나 그들이 가지고 있는 '사소한 차이'에 관심을 가지고 주목하게 되었노라고 한다.

관심이란 무엇인가. 그것은 고전 『대학』에 나오는 명구, '심부재언, 시이불견, 청이불문, 식이부지기미(心不在焉, 視而不見, 聽而不聞, 食而不知基味)'가 잘 설명한다. 즉, 마음이 있지 않으면 보아도 보이지 않으며, 들어도 들리지 않으며, 먹어도 그 맛을 알지 못한다는 뜻이기 때문이다. 그런 까닭에 마음이 있어 사소한 차이를 발견할 수가 있었던 것이다.

'사소한 차이'를 몸소 잘 아는 직업군을 꼽자면 '최고경영자CEO'가 하나요, '시인詩人'이 또 하나라고 필자는 주장한다.

시인 신경림 선생의 시 중에 '파장罷場'이 있다. 사소한 차이를 발견할 수 있는데 시의 전문을 소개하자면 이렇다.

파장罷場

신경림

못난 놈들은 서로 얼굴만 봐도 흥겹다

이발소 앞에 서서 참외를 깎고

목로에 앉아 막걸리를 들이키면

모두들 한결같이 친구 같은 얼굴들

호남의 가뭄 얘기 조합빚 얘기

약장수 기타 소리에 발장단을 치다 보면

왜 이렇게 자꾸만 서울이 그리워지나

어디를 들어가 섰다라도 벌일까

주머니를 털어 색싯집에라도 갈까

학교 마당에들 모여 소주에 오징어를 찢다

어느새 긴 여름해도 저물어

고무신 한 켤레 또는 조기 한 마리 들고

달이 환한 마찻길을 절뚝이는 파장

어느 날인가. 이 시가 내 가슴에 들어왔다. 그리고 환하게 꽃을 피웠다. 시를 읽으니 가슴이 따뜻해지고 기분이 좋아지는 것이다.

이 시는 '사소한 차이'를 들여다 볼 수 있도록 독자를 안내한다. 시가 말하는 '못난 놈'은 어찌 보면 '잘난 놈'으로 보인다. 왜냐하면 그는 '얼굴만 봐도 홍'이 나는 긍정의 마음을 지니고 있기 때문이다. 그러니 '고무신 한 켤레 또는 조기 한 마리 들고'는 '달이 환한 마찻길을 절뚝이는' 가장家長의 이런 사소한 일상이 어찌 행복이 아니겠는가.

할 일이 있고, 사랑하는 사람이 있고, 희망이 있는 한 행복한 것이라고 철학자 칸트는 말한 적 있다. 이처럼 행복은 마음가짐에 따라서 우리네 소소한 일상에서도 건질 수 있다. 다만 문제가 있다면 그것을 찾지 못하는 것. 잡지를 못하는 것뿐이다.

사방팔방 천지에 놓인 행복이란 세 잎 클로버를 우리는 짓밟고 있다. 그러면서 행운이란 네 잎 클로버만 찾고자 한다.

이 때문에 인생과 비즈니스가 꼬인다. 그래서 아파한다. 비관한다. 헛된 욕심을 줄이자. 그런 의미에서 시인 박목월 선생의 '한탄조恨歎調'는 우리에게 무엇이 진정한 행복인지를 전하는 바 적지 않다. 그 일부를 소개한다.

한탄조恨歎調

박목월

니

주머니 든든하면

날

술 한 잔 받아주고

내

돈 있으면

니 한 잔 또 사 주고

너요 내요 그럴 게 뭐꼬.

거물거물 서산에 해 지면

자넨들

지고 갈래, 안고 갈래

누군가 그랬다. 시를 읽으면 CEO가 아니라 '시이오詩理悟(시에서 삶의 이치를 깨닫는다는 뜻)'가 된다고…. '너요 내요 그럴 게 뭐꼬'에서 이상향이 그려지고 유토피아란 이런 것이 아닐까, 하는 생각이 번쩍 든다.

소설 『임꺽정』의 주인공인 칠두령이 만들려고 했던 청석골도 시처럼 그랬을 것이다. 즉 '너요 내요 그럴 게' 없는 '행복한 이상향'을 추구했으리라. 그렇기 때문에 시는 한탄조 가락에 슬프게 머무르려 하지 않는다. '사소한 차이'를 독자로 하여금 발견할 수 있도록 하기 때문에 오히려 행복조 가락으로 읽혀서다. 순식간에 우리를 기쁘게 감정을 치닫도록 만든다.

비로소 '마음의 여유'가 생긴다. 그러니 '니 한 잔 또 사 주'고 싶어진다. 이 무렵이 바로 '술술 풀리는' 시간과 공간이 아닐까. 이는 '나'에게 행복을 주는 찬스다.

찬스는 기회다. 기회는 위험과 함께 온다. 그래서 '화발다풍우花發多風雨'라고 말하는 것이다. 이 '화발다풍우'는 중국에서 유명했다. 우무릉于武陵의 시 '권주勸酒'[1]에 나온다.

권주勸酒

우무릉于武陵

勸君金屈巵
그대에게 이 금빛 나는 술잔을 권하노니

滿酌不須辭
잔에 가득 찬 이 술을 사양하지 말아 다오

花發多風雨
꽃이 피면 비바람도 많은 것처럼

人生足別離
우리네 인생도 언제나 이별이 기다린다네

'꽃이 피면 비바람도 많은 것처럼'이 어쩌면 인생이 아닌가. 이게 인생의 참맛이고 또한 비즈니스의 냉혹함일지도 모른다. 성공(화발)의 기회는 위험(다풍우)를 동반하는 법이다.

그렇기 때문에 역경이 오는 것을 즐길 줄 알아야 한다. 역경이란 글자를 뒤로 돌리면 경력이 될 수 있다.

'재주'를 뜻하는 영어 단어는 적자면 4가지다.

'talent, skill, gift, knack'이 그것이다. 부모로부터 선천적으로 타고난 재주가 바로 '탤런트'다. 그런가 하면 스스로 갈고닦는 연습으로 이룰 수 있는 재주가 '스킬'일 것이다.

그렇다면 '기프트'는 도대체 어떤 의미일까. 그것은 '술 한 잔 받아주는 것'처럼 '선물'로 생각하면 된다. 그렇다면 '낵'은 무언가. 말 그대로 '버릇'을 뜻한다.

항간에 이런 말이 있다. '돈 물려줄 생각 말고 자식에게 사소한 차이를 발견하게 하라'는 말이 바로 그것이다. 『사소한 차이』에 따르면 잭 웰치 전 GE 회장은 늘 펜을 가지고 다니면서 아이디어가 떠오를 때마다 눈에 띄는 곳에 적었다고 그런다.

그런가 하면 정주영 전 현대그룹 회장은 늘 가족과 함께 아침을 먹는 것으로 유명했다. 미래학자 앨빈 토플러는 매일 아침 6~7종의 신문을 읽는 것으로 하루를 시작했다. 그리고 미국 42대 대통령인 클린턴은 대학생 시절부터 인물 노트를 만들어, 그날 만났던 사람들의 이름과 특징 등을 기록해 놓고 밤마다 머릿속에 되새겼다. 이처럼 세계적인 유명 인사들은 사소한 차이로 보일 수 있는 '습관Knack'을 가지고 있다.

영국 속담이다. "평온한 바다는 결코 유능한 사람을 만들 수 없다"는 말이 있다. 역경이 있어야 경력이 되는 이치처럼 유능한 사람이 되기 위해서는 평온한 바다를 기대하지 않는 게 좋다.

그렇고 그런 보통의 재주로는 남 이상이 결코 될 수 없는 법이다. 재주는 '능간' 수준이 되어야 한다. 능간能幹은 무언가. 그것은 '능수능간能手能幹'을 줄여서 말함이다.

나무로 말하자면 손은 뿌리가 되고 뿌리 다음으로 중요한 줄기 역할은 '습관'에서 비롯될 것이다. 몸에 밴 습관이 곧 나의 재주가 된다.

세 살 전에 고치지 못한 나의 습관에서 먼저 좋은 장점을 찾자. 그것이 어쩌면 남이 평생 쫓지 못할 '사소한 차이'가 되는 거다. 항상 '배우는 자'는 이룬다. 그러나 '배우지 않으려는 자'는 이루지 못한다. 이게 현실의 기막힘이다.

가족과 함께 아침밥 먹기(아니면 저녁밥 먹자), 맞장구치면서 듣기

(아니면 세 번 듣고 나는 한 번만 말하자), 배웅은 엘리베이터 앞에서 하기 (아니면 문 앞에서 하자) 등의 '사소한 차이'를 만드는 것도 역시 나에겐 '재주術'가 된다. 다른 사람의 재주를 배우되 그대로 학습하듯 반복하지 말고 응용력이 필요하다. 또 내 것으로 소화할 수 있어야 한다. 성공할 수 있었던 그의 정신과 원리를 본받아야 내 것이 된다. 그렇지 않고 수박 겉핥기로 사소한 차이를 발견하는 것은 진짜 무의미한 일이다. 사소한 차이는 책을 완독한다고 해서 내 것으로 배워지는 게 아니다. 재주는 자고로 머리가 아니라 몸으로 습관으로 배어야지 내 것이 될 수 있다.

소설 『임꺽정』에 등장하는 봉학이는 활의 달인, 유복이는 표창의 달인, 오주는 쇠도리깨 달인, 돌석이는 돌팔매의 달인, 천왕둥이는 축지법의 달인이라고 한다. 이들도 하루아침에 된 게 아니다. 수많은 날을 연습하고 또 연습했기 때문에 한 분야에서 달인이 될 수 있었던 것이다.

'백수'와 '달인'의 차이는 무엇인가.

그것은 '재주'에서 비롯된 것이다. 재주를 평상시에 안 연습하면 백수로 머문다. 하지만 자기의 재주를 능수능간能手能幹할 때까지 배우고 익히면 달인이 되는 것이다. 누구는 1만 시간 이상을 꾸준히 연습한다. 하지만 누구는 감나무에서 감이 떨어지는 것만을 빈둥빈둥 기다리고 있다. 전자는 달인의 길이고, 후자는 백수의 길이다. 어떤 길을 선택할 것인가? 어느새 긴 여름 해(청춘)도 저문다고 하지 않던

가. 그러니 어쩌랴. 재주를 배우고 익히는 것에 바쁘게 (여름해 저물기 전에) 서두를 일이다.

오마에 겐이치의 오프^{off}

오마에 겐이치大前研一. 영국 〈이코노미스트〉에서 피터 드러커, 톰 피터스와 함께 현대의 사상적 리더로 주목했고, 1994년에는 현대 경영의 정신적 지도자 중 한 명으로 뽑히기도 했다.

얼마 전 일이다. 서점에 갔다가 오마에 겐이치가 쓴 『Off학-잘 노는 사람이 성공한다』를 뒤적이다, 옛사람이 그랬던 것처럼 "손은 춤추고, 발은 경중경중 뜀뛴다"라고 신났다.

이 책은 왜 'Off학'이 필요한지에 대해 친절하게 안내한다.

온(On, 일하는 시간)과 마찬가지로 젊었을 때부터 오프(Off, 쉬는 시간)에도 적극적으로 참여하여 시간, 돈, 여유를 현명하게 조정하면서 인생을 즐기라는 것이 이 책의 메시지다. '오프학'이라는 학문을 배우는 수업이 있다면 그건 오프 코스(Off course)일 것이다. 이걸 오프 코스(Of course, 당연하다)로 바꿔 말하면 훌륭한 말장난이 된다. 이렇게 기발한 생각을 해낼 수 있는 사람이야말로 인생의 달인이며, 일뿐만이 아니라 인생 전체를 풍요롭게 즐길 줄 아는 사람이다.[1]

인생이란 즐겁게 춤을 추다가 가는 것일지도 모른다. 개미처럼 일하는 시간만 있고 쉬는 시간이 없다고 한다면 그의 인생은 그닥 행복할 수 없다.

행복하기 위해서 인생에는 '쉬는 시간'이 꼭 필요한 법이다. 산악 오토바이를 취미로 삼고 있는 오마에 겐이치는 예순이 훨씬 지났다. 그런 나이(67)에도 불구하고 청춘처럼 산다. 한 달에 한 번 정도 친구들을 만나 취미생활을 즐기고 있다. 그러면서 오마에 겐이치는 놀라운 사실을 한 가지 발견한다. 다음이 그 내용인데 샐러리맨에게 없고 손을 쓰는, 즉 재주를 가진 사람이 행복하게 사는 것에 대해 의미심장하게 전한다.

늘 이상하다 생각하는 것이지만, 그 친구들 중에는 샐러리맨이 거의 없다. 취업 인구의 70퍼센트를 샐러리맨이 차지하고 있는데도 말이다. 게다가 나는 특별히 돈이 많이 드는 놀이를 하고 있는 게 아니다. 그런데도 왜 샐러리맨이 보이지 않는 걸까?

친구들 대부분은 자그마한 회사나 가게를 경영하고 있거나, 목수, 배관공, 판금공, 전기배선공 등 손을 주로 이용하는 기술자들이다. 그들에게는 회사에 의지하지 않고 자신만의 힘으로 살아가면서 인생을 충분히 즐기고 있다는 공통점이 있다. 그래서인지 그들과 대화를 나누다 보면 항상 굉장한 자극을 받곤 한다.[2]

여기서 말하는 친구들은 샐러리맨이 아니다. 즉 '손을 주로 이용하는 기술자들'을 말한다. 오로지 손재주技와 지적 재산術으로 잘 먹고 잘 사는 사람들이다. 그러니 말 그대로 '기술자技術者'인 셈이다.

'재주'란 무엇을 말하는가. 어찌 보면 그것은 그의 '지적 재산'이나 다름없다. 지적 재산에 대해 『경제전쟁시대, 이순신을 만나다』의 저자인 지용희 서강대 교수는 이렇게 일목요연하게 잘 설명한 바 있다.

사실 따지고 보면 지적 재산이 물적 재산보다 좋은 점이 적지 않다. 지적 재산의 한계 생산비용은 매우 적다. 좀 더 쉽게 말하면, 일단 지식을 갖고 있으면 이를 다시 쓰는데 들어가는 비용은 거의 없다. 또한 물적 재산과는 달리 지식은 사용해도 없어지거나 닳지도 않는다. 이 밖에도 지식은 보관 및 운송비용이 무시해도 좋을 정도로

적으며, 관세 및 비관세 장벽 때문에 외국에 수출하지 못하는 경우
도 없다.

지적 재산은 물적 재산과 달리 물려받기가 쉽지 않다. 기술, 경영
능력, 마케팅 능력, 조직 능력, 디자인 능력 등 지적재산은 꾸준한
학습과 연구에 의해 스스로 쌓아 나가야 한다.[3]

지식도 재주다. 재주는 지식처럼 아무리 '사용해도 없어지거나
닳지도 않는' 것이 맞는 얘기다. 오히려 사용하면 사용할수록 시간을
줄이고, 돈을 늘린다. 아울러 여유로운 생활이 가능하도록 '나'를 안
내한다. 그러나 물적 재산과는 달리 지식이라는 재주는 물려받기가
쉽지 않다는 게 문제라면 문제다.

재주는 스스로 해내는 것을 요구한다. 그렇지 않으면 남의 것이
지 '내 것'이 안 된다. 그런 의미에서 우리는 애플의 스티브 잡스가
스탠퍼드 대학 졸업식 연설문에서 말했다는 저 유명한 한 줄의 명언,
즉 "Stay Hungry. Stay Foolish"를 기억해야 한다.

맹자가 이렇게 말했다.

"목수나 수레를 만드는 사람은 능히 남에게 컴퍼스나 자 등을 줄지
언정, 능히 남으로 하여금 재주를 줄 수는 없는 것이니라."

말하자면 재주란 그 누구에게도 물려받을 수 없다는 뜻이다. 그

렇기 때문에 배우려고 하는 자가 스스로 노력해서 터득해야 된다고 가르친 것이다. 터득하기까지는 어느 정도 시간이 필요하다. 또 의지를 중간에 함부로 꺾진 말아야 한다. 그러므로 오프Off해서는 안 된다. 어쨌거나 온On에 집중해야 된다. 하지만 최고의 재주가 내 것이 되면 이야기는 달라진다. 오프(Off, 쉬는 시간)해도 된다.

스웨덴 영화감독 잉마르 베리만(1918~2007)이 이런 명언을 남겼다. 참고로 이 명언은 『한 줄의 통찰』에서 찾은 것이다.

> 나이 든다는 것은 등산하는 것과 같다.
> 당신은 이 바위에서 저 바위로 오른다.
> 오르면 오를수록 더 지치고 숨차지만,
> 당신의 시야는 점점 넓어진다.
>
> Old age is like climbing a mountain.
> You climb from ledge to ledge.
> The higher you get, the more tired and breathless you become,
> but your views become more extensive.
>
> Ingmar Bergman

나이가 든다는 것은 좋은 것이다. 그러나 사람들은 나이가 들수록 자기가 잃어버린 것만 셈하려고 한다. 사실은 나이가 들수록 당신의 시야가 점점 넓어지는 것에는 그다지 감사하지 않는 편이다.

인생도 비즈니스도 마찬가지다. 일득일실一得一失이 따지고 보면 내 앞과 뒤에 항상 있게 마련이다. 오죽하면 '득실재아得失在我, 훼예재인毀譽在人'이란 말이 있겠는가. 이 말의 뜻은 '얻고 잃음은 내게 달려 있고, 그 결과를 두고 좋으니 나쁘니 하며 기리고 헐뜯는 것은 남의 손에 달려 있다는 것'인데 나이가 젊을수록 훼예재인에 민감하게 반응한다. 하지만 나이가 들면 득실이 재아에 있다는 것을 알게 되니 체력은 떨어지지만 대신 시야가 넓어지니 이 또한 행복인 것이다.

불행한가. 그런 사람은 일실만 보았기 때문이다. 지금 행복한가. 이런 사람은 일득을 더 크게 보았기 때문이다.

온On만 보지 말자. 오프Off도 볼 수 있어야 한다. 이렇게 오프하는 사람이 알고 보면 인생과 비즈니스에서 '술술술 잘 풀리'는 사람이 아니던가. 때문에 모든 것을 부정하는 마음가짐이 아니라 바보처럼 모든 것을 긍정하는 마음가짐을 가지며 사는 것도 어쩌면 당신만의 재주가 된다.

서른 전후의 재주 :
방망이를 깍든 돗자리를 짜든

"자왈 삼군가탈수야, 필부불가탈지야子曰 三軍可奪帥也, 匹夫不可奪志也. 위대한 장군의 목숨은 덧없이 사라질 수 있지만 의지는 필부에게서도 뺏을 수 없다."

『논어』 '자한' 편에 등장하는 말씀이다.

이른바 단장취의(斷章取義·남의 글이나 말 가운데 그 본래 뜻과는 상관없이 자기 의도에 맞춰 특정 부분만을 인용하여 자신의 주장을 펴는 방식을 일컫는다) 하자면 '의지'를 빼고 '재주'로 문장을 채워도 뜻이 형통한다. 그리하여 필부불가탈술야匹夫不可奪術也로 살짝 바꾼다. 이는 '재주는 필부에게서도 뺏을 수 없다'라는 메시지를 강조하기 위해서다.

개인의 의지와 마찬가지로 개인의 재주는 어떠한 폭력으로도 국가 공권력으로도 뺏을 수 없다. 이 때문이다. 지난바 한 가지라도 개인의 '재주'가 뛰어나면 인생과 비즈니스가 절로 '술술술 풀린다'고 말할 수 있다.

고전 『논어』 '자장' 편에는 이런 구절이 등장한다. 재주는 '반드시 볼 만한 경지가 있게 마련이다(必有可觀者焉)' 가 그것이다. 영산대 배병삼 교수가 주석한 『한글세대가 본 논어2』에는 윤오영 선생의 수필 '방망이 깎던 노인'이 나온다. 방망이 깎던 노인의 재주가 내 보기엔 반드시 볼 만한 경지의 경우에 속한다. 다음은 그 내용을 일부 발췌해 정리한 것이다.

시내에 나가면 다듬잇방망이 한 벌을 사달라던 부인의 부탁을 내내 잊었던 주인공이 동대문 옆에서 방망이 깎는 노인을 발견하면서 시작되는 이야기였다. 방망이 깎는 것을 대수롭지 않게 여기는 주인공은 차 시간에 쫓겨 노인에게 대충 만들어달라고 자꾸 재촉한다. 그러나 노인은 이모저모 살피고 방망이를 양손에 들고서 무게를 재고, 또 깎아내기를 반복한다.

내내 그 노인의 '짓거리'가 마뜩치 않았던 주인공은, 그러나 집에서 그 방망이를 만져본 부인이 감탄하면서, 어디서 이렇게 무겁지도 않고 또 가볍지도 않은 '안성맞춤'의 방망이를 만났느냐는 칭찬 앞에 자신의 경박을 성찰한다.

이 이야기를 통해서 우리는 '방망이 깎는 노인'의 재주가 보통이 아니고 뛰어나다는 것을 볼 수 있다. 노인의 재주가 '볼 만한 경지'에 이른 것쯤은 쉽게 짐작할 수 있다. 어디 그뿐인가. 우리가 수필에서 이미 보았듯 '무겁지도 않고 또 가볍지도 않은' 안성맞춤의 재주 때문에 노인이 돈벌이했다는 것과 생계를 해결하는 것을, 즉 술술 풀어가는 것을 독자로서 발견할 수 있다.

SBS 방송 중에, '생활의 달인'이란 인기 코너가 있다. 이 방송은 수십 년을 한 분야에 종사하며 부단한 열정과 노력으로 자신의 재주를 '달인'의 경지에 오르게 만든 장본인들을 소개하고 있다. 그런 달인을 TV 시청자로 만날 때마다 나는 흥미진진하다. 그리고 새삼 놀라운 재주에 찬사와 갈채의 박수를 보낸다.

유비는 '원래 돗자리를 짜고 신발을 팔던 하찮은 인물이었다'[1]고 한다. 이는 중국의 고전 및 전통문화연구 분야의 대표적인 저술가로 대중적인 인기를 누리는 작가 밍더明德가 쓴 『왼손에는 사기, 오른손에는 삼국지를 들어라』는 책에 나오는 이야기다.

유비는 원래 돗자리를 짜고 신발을 팔던 하찮은 인물이었다. 논밭

도 거의 없는 소농이었다. 집안은 당연히 가난했다. 항상 삼촌 유원기劉元起의 도움을 받아 살지 않으면 안 됐다. 그러나 그는 군문에 들어간 28세 때부터는 지도자가 될 자질을 보였다. 그래서 고작 수백 명의 병사들을 거느리는 별 볼 일 없는 소규모 부대의 지휘관에서 현위縣尉와 현령縣令을 거쳐 주목州牧, 한중왕에 이른 다음 황제의 자리에까지 오를 수 있었다.

유비가 이렇게 될 수 있었던 비결은 과연 무엇이었을까? 그는 무예에 관한 한 관우와 장비에 훨씬 못 미쳤다. 글을 읽는 재주를 따지자면 제갈량이나 방통龐統보다 훨씬 못했다. 혹자들은 그가 승승장구할 수 있었던 비결로 인덕仁德을 꼽기도 한다. 그러나 그것도 가장 확실한 설명은 되지 못하는 것 같다. 삼국 시대의 역사를 두루 살펴보면 역시 후광을 빌리는 능력이 탁월했던 것이 성공의 요인이 아니었나 여겨진다.

유비는 실제로 선조의 이름을 팔아 자신을 빛내는 데는 천재적인 소질을 가지고 있었다. 자신이 '중산정왕 유승의 후예이자 경제의 고손자'라는 사실을 늘 입에 달고 다닐 정도였다. 말하자면 의도적으로 자신의 몸값을 높였다고 할 수 있다. 예컨대 관우, 장비와 도원결의桃園結義를 한 후에는 자신과 같은 친족인 유주태수 유언과 만나 그를 숙부로 대우하기까지 했다.

밍더는 유비의 성공을 인덕仁德으로 포장하지 않는다. 오히려 성공의 요인으로 '후광을 빌리는 능력'으로 묘사한다. 게다가 밍더는 '중산정왕 유승의 후예이자 경제의 고손자'라는 몸값(?)을 크게 강조한다. 하지만 그게 전부일까?

나는 유비가 '군문에 들어간 28세 때'에 주목한다. 왜냐하면 28세인 그 때까지의 유비가 '먹고 살 수 있었던 비결'이 무엇인가. 거기에는 '돗자리를 짜'는 재주가 한몫 했다. 이 점을 간과하고 놓쳐서는 안 된다.

'방망이 깎는' 재주가 있든지 아니면 '돗자리 짜는' 재주가 있든지 나이가 '서른 전후'에도 남에게 팔 재주가 있어야 생계를 유지할 수 있다. 생계를 유지한 다음에나 꿈, 희망, 포부, 계획, 목표, 성공 등이 기다리고 있는 것이다.

누구든 성공 기회를 잡고자 할 것이다. 그러기 위해서는 무엇이든 재주가 하나쯤 있어야 한다. 그래야만 운運이 따른다.

부모와 집안을 원망하고 탓하는가. 그럴 게 못 된다. 왜냐하면 과거로 거슬러 올라가 보자. 누구나 그러다 보면 유비처럼 '왕의 후예'가 아닌 사람이 있겠는가. 또 김두한처럼 '장군의 아들'이 얼마든지 될 수 있다.

소설 『삼국지』의 주인공 유비와 영화 〈장군의 아들〉의 주인공인 김두한에겐 공통점이 하나 있다. 밍더의 지적처럼 자신의 정체성을 선조의 후광으로 그럴듯하게 포장하는 재주가 그것이다. 요컨대 '나는 ~의 후손이다'란 후광이나 이미지 동기부여가 현실(돗자리를 짜고 신발을 파는, 혹은 거지와 구두닦이 생활을 한다)을 기꺼이 감내하는 구실이 된다. 그래서 보잘 것 없는 처지를 비관하지 않는다. 그렇기 때문에 당장 하찮은 재주일지라도 머지않아서 자신의 재주를 펼쳐 크게 성공할 그 날이 올 때까지 버틸 수 있도록 만든 게 아닐까.

그런 의미에서 '재주術'는 내게 있어서 하찮은 것이 없고 아주 중요한 것이다. 일신의 재주가 나의 어려운 생계를 해결해준다. 이후에는 성공의 기회로 나를 안내한다. 한편 나 자신을 하찮은 후손이라고 폄하할 필요도 없다. 나 자신을 욕되게 하지도 말고 학대하지도 말자. 삼국지의 유비가 그랬던 것처럼….

상대하여 생각하고(思) 헤아리는(量) 마음이 한자로 '사량思量'이다. 그런데 오늘날에 이르러 간단하게 '사랑'으로 말하고 있다. 인스턴트 식으로 말이다. 그래서일까. '사랑'이란 말보다 '사량'이란 말에 더 깊은 맛이 우러난다.

필자는 사랑을 달리 '마음재주'로 읽고 싶다. 마음재주는 한자로 적자면 '심술心術'이 된다. 그런데 사전적 의미는 그리 좋지 않다. '온당穩當하지 않고 고집固執스러운 마음 또는 남이 잘못되는 것을 좋아하는 마음보'를 뜻하고 있어서다.

어쨌든 '마음보'는 그 쓰기 나름이다. 마음보의 '쓰임새'가 어떠하나에 따라서 인생의 결과는 천양지차로 다를 것이다. 그런 의미에서 나는 심술을 '마음재주'로 읽으려고 한다.

"심술시정心術始正."

한양대 정민 교수가 지은 『다산어록청상茶山語錄靑賞』(푸르메刊)에
나오는 한 구절이다.

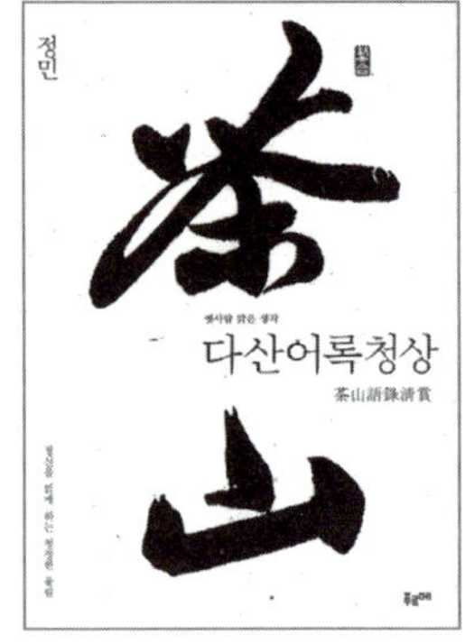

정민 교수는 '마음가짐'으로 뜻을 풀이
했다. 여기서 '가짐'이란 자기 것으로 손이나
몸에 지니는 '소유'를 뜻한다. 경제학에서 말
하는 '자산효과'와 다를 바 없다. 즉, 마음보
를 어떻게 쓰느냐에 따라서 마음이 부정적으
로 손해가 나기도 하고 혹은 긍정적으로 이
익을 내는 가치로 얼마든지 변한다.

박석무·정해염이 편역한 다산 정약용 선생의 『다산문학선집』
(현대실학사刊)[1]을 보자. 거기에 '부용당기芙蓉堂記'가 등장한다.

황해도 관찰사 이공이 부용당에서 잔치를 벌였는데, 수령으로서 이
곳에 온 사람이 10여 명이나 되었다. (중략) 내가(정약용을 말한다)
잔치 자리에 도착하자 이공이 술을 권하며 말하기를 "이곳은 선화
당(관찰사가 공식 업무를 보는 공간)과는 같지 않으니, 오늘은 흉금을
터놓고 즐기십시다"라고 하였다. 그래서 나는 말하기를 "참으로 좋
은 말입니다. 비록 그러나 감사가 수령의 잘잘못을 살피는 것이 이
부용당이 선화당宣化堂보다 낫다고 생각되는데, 공은 그 까닭을 아

십니까?"라고 하였더니, 이공이 무슨 말이냐고 물었다.

나는 이렇게 대답했다.

"수령이 선화당에 오게 되면 단정한 걸음걸이와 엄숙한 얼굴빛을 하고 말을 삼가며 신분에 따라 예의를 공손히 차리니, 한 사람도 훌륭한 관리가 아닌 사람이 없습니다. 그러나 이곳처럼 연꽃 향기가 코를 찌르고 버들빛이 눈에 비치며, 죽순과 고기가 상에 그득하게 놓여 있으며, 기녀들이 많이 모여 있으며, 순주로 창자를 적시며, 회나 구운 고기로 배를 채우는 장소에서는 상관은 얼굴빛을 좋게 꾸미고 환대하고 농담하기에 거침이 없습니다. 이때에 떠들고 웃으면서 멋대로 행동하는 사람이 있는데 이를 살펴보면 그 잡스러움을 알 수 있으니, 그는 반드시 유능하나 가볍게 법을 범하는 일이 있을 것입니다. 자기 몸을 낮추고 아첨하며 상관을 찬송하고 앙모하여 스스로 아부하는 사람이 있는데, 이를 살펴보면 그 비루함을 알 수 있으니, 그는 반드시 면전에서는 아첨하나 백성들을 속이는 일이 많을 것입니다. (중략)

이와 같으니, 수령(부하)을 살핌에 있어 이곳(부용당)이 선화당보다 낫지 않습니까?"

다산 선생은 아랫사람이 인재인지 아닌지를 판별할 수 있다고 관찰사에게 조언한다. 오늘날로 말하자면 사장의 집무실에서 임원회의를 하는 것보다 때로는 룸살롱에서 임원을 살피는 것이 효과적이라는 그런 이야기다.

예컨대 장소를 바꿔서 사람을 대하면 어느 한쪽으로 치우치는 편견이 없이 사람을 제대로 판별할 수 있다는 심오한 통찰력이 빛나는 대목이다. 다시 부용당기 나머지를 읽자.

이공이 이렇게 말하였다.

"참 옳습니다. 비록 그러나 감사(상관)의 일도 수령(부하)이 살핍니다. 나는 공의 말씀을 듣고 스스로 살피려 합니다. 어느 겨를에 다른 사람을 살피리까."

나는 마침내 묻고 대답한 말을 기록하여 부용당기芙蓉堂記라 한다.

다산은 틈만 나면 기록述했다. 즉 술述을 중심으로 한 '술술酒術'로 학문과 독서 그리고 처세와 정치 등에 임했다. 그리하여 시와 문학과 역사학 등에서도 많은 뛰어난 글을 우리 후손에게 역작으로 남길 수가 있었다.

다만 여기서 나는 황해도 관찰사 이공(조선 영-정조 시대에 활약한 문신으로 대사간까지 역임한 이의준(李義駿. 1738-1798)을 말한다)에 주목하고자 한다.

왜냐하면 이공의 '마음재주'가 보통이 아니라고 보았기 때문이다.

이를테면 "참 옳습니다. 비록 그러나 감사(상관)의 일도 수령(부하)이 살핍니다. 나는 공의 말씀을 듣고 스스로 살피려 합니다. 어느 겨를에 다른 사람을 살피리까"라고 대답하는 대목이 그것이다. 여기서 우리는 이공의 그릇을 짐작할 수 있다. 융통성 있는 사람이다. 아주 적절하게 선화당과 부용당을 이용해서다. 이공은 세심한 인물로 그려진다.

상사가 부하를 살핀다. 하지만 부하도 상사를 살핀다.

사장이 임원을 살피는 것만으로는 뭔가 부족하다. 임원과 직원이 사장을 살필 수도 있다. 이 때문에 최고경영자CEO라면 무릇 자기의 마음을 '스스로 살피는' 재주부터 가지고 볼 일이다. 다음에 '다른 사람을 살피는 마음'이 필요함은 물론이다.

관찰사의 역할처럼 경영자에게도 해야 할 역할이란 게 있다.

유능한 사람, 능력이나 경험이 많고 뛰어난 인재는 보통 경영자 주변으로 다가서지도 머물려고 하지도 않는다. 일반적으로 '보통 경영자'는 '사장실'에서만 문제를 해결하고자 한다. 하지만 뛰어난 경영자를 보라. 그는 장소를 바꿔 '술집'에서도 문제를 해결하려고 한다. 마음가짐 때문이다.

고객과 현장이 있는 장소로 다가서려는 경영자는 기업을 반석 위에 올려놓을 것이다. 하지만 고객과 현장을 외면하고 '사장실'에만 안주하려는 경영자는 기업을 절벽이나 바람 위에 올려놓을 게 뻔하다.

정민 교수는 『다산어록청상』에서 이렇게 말한 바 있다.

"마음이 하는 일을 낯빛이 닮아간다. 얼굴은 얼의 꼴, 즉 마음의 모습이다. 공부하는 학생의 얼굴은 해맑다. 매일 듣고 보는 글의 표정을 닮았다. 어찌하면 돈을 많이 벌까하는 궁리만 하는 장사치는 그 검은 속을 닮아 얼굴조차 시커멓다. 꼴 먹이고 소똥을 치우는 목동은 모습도 덩달아 지저분하다. 노름꾼의 눈동자는 잠시도 쉬지 않고 희번덕거린다. 해맑던 아이의 표정 위에 어느덧 장사치의 시커먼 속과 노름꾼의 교활한 눈빛이 깃든다. 사람은 생긴 대로 노는 것이 아니다. 노는 대로 생긴다. 상은 자꾸 변한다. 사람은 나이 들면서 자기 얼굴에 책임을 져야 한다."

여기서 나는 '노는 대로 생긴다'에 주목한다. 마음도 논다. 공부하지 않기 때문이다. 그러므로 마음공부가 '재주'가 되는 것이다. 곧 '심술'인 거다. 심술이 바른지 아닌지는 경영자인 '자기'가 먼저 살필 일이다. 자기를 먼저 살피지 않고 어느 겨를에 다른 사람의 심술부터 살피려고 과욕하시는가.

다른 사람도 내 심술을 살핀다. 그러니 마땅히 스스로를 살피려고 날이면 날마다 '성실誠實'로 노력해야 될 것이다.

먼저 자기부터 사랑할 일이다. 자신의 마음을 생각하지 못하고 헤아리지 못하면서 상대를 대하면 상대로부터 무시당하는 거다.

편안은 패자가 찾는 말이다. 반면에 평안은 승자가 쓰는 말이다. 패자는 자기가 편안한 사람, 편안한 공간, 편안한 시간에 사람을 만

난다. 살핀다. 하지만 승자는 나의 편안함이 상대에게 불편함이 될
수도 있다는 것을 항상 먼저 배려하고자 한다.

김소연 작가의 『마음사전』은 '평안하다와 편안하다'의 차이를
이렇게 적는다.

나의 편안함은 누군가의 불편함을 대가로 치르지만, 나의 평안함은
누군가와 함께 누리는 공동의 가치가 될 수 있다. [2]

조조, 원소를 경계하다

酒 述 術

살다가 보면 내 뜻대로 일이 풀리지 않는다. 마음을 크게 다친다. '다시 처음부터 시작해야 되는 걸까' 하는 생각에 이르게 되면 도통 살맛이 나지 않는다. 이런 황당함에 빗대어 사람들은 말하기를 '도로아미타불'이라고 투덜거린다. 그런데 '도로아미타불'의 유래가 시사하는 바 참 재밌다. 다음은 고전 전문가로 활동하는 정상우 선생이 편역한 『고금소총』에 실린 '도로 아미타불'의 내용이다.

▲ 고금소총

"나귀를 끌고 얇게 얼은 빙판 위를 지나는 사람이 있었는데, 전전긍긍하며 아미타불阿彌陀佛과 관세음보살觀世音菩薩을 연달아 부르면서, 마침내 건너가기를 거의 다 하자, 반대로 아미타불을 욕하였다. 한 걸음에 뛰어 언덕에 올라 머리를 돌려보니, 나귀는 아직 저쪽 언덕에 있고, 그는 단지 고삐만 끌고 온 것이었다. 이에 다시 아미타불을 기원하며 건너가니, 속세에서 말하는 '도로 아미타불이 되었다'라는 것이 이것이라."[1]

누구나 처음엔 일을 곧잘 한다. 하지만 끝까지 잘하지 못해서 도로 아미타불이 되는 경우가 살면서 빈번하게 일어난다. 무릇 초심이 변해서다. 그러다 보니 나귀는 저쪽 언덕에 두고, 고삐만 끌고 강을 건너는 우愚를 범하는 것이다.

재주도 하등 다를 바 없다. 조심조심하는 마음이 없고 우쭐대고 교만하게 행동하게 되는 경우엔 재주가 색이 바래지게 마련이다. 희미해지고 낡은 것이 되니 그만 볼품이 없어진다. 소설 『삼국지』는 영웅으로 유비, 조조, 손권을 이야기하지만 집안이 좋았고 사람됨이 너그럽고 고상했던 원소의 경우에는 시대의 영웅으로 그리지 않는다. 왜 그럴까?

중국 북송시대의 정치가이자 역사가인 사마광(司馬光, 1019~1086)은 『자치통감』에서 원소를 두고 이렇게 인물평하며 적는다.

▲ 자치통감

원소는 사람됨이 너그럽고 고상하였으며 재간과 도량이 있었고 기쁨과 성냄을 얼굴빛에 나타내지 않았으나, 성질이 거만하고 괴팍하며 스스로 높여서 선행을 하는 데는 모자랐다. 이런 까닭으로 패배하기에 이르렀다.[2]

재간과 도량이 있다고 해서 무릇 성공하는 것은 아니다. 원소가 처음부터 성질이 거만하고 괴팍하진 않았을 것이다. 나름 너그러움과 겸손함이 있기에 주변에 사람이 모였을 것이다. 하지만 아부에 익숙해지면서 초심이 변한 것이다. 차츰차츰 상대에게 거만하게 말하고 조심하지 않는 행동을 보였을 것이다. 이에 반해 조조는 후대에 간웅이란 평가를 받지만 원소와는 인물됨이 많이 달랐다.

부하 장수인 하우연에게 말하는 내용을 참고하면 원소와 다름을 알 수 있다. 애초 하우연이 전투를 하면 비록 자주 승리하였지만 위왕 조조는 항상 그에게 경계하여 말했다.

"장군이 된 사람은 마땅히 겁나고 나약함을 가져야 할 때가 있는데 단지 용기만을 믿어서는 안 된다. 장군이란 마땅히 용기를 근본으로 삼되 그것을 실행함에 있어서는 지혜와 계략으로 해야 된다. 단지 용기에만 맡길 줄 안다면 한 사람의 필부만 대적할 뿐이다."[3]

조조의 뛰어남은 항상 경계하는 마음가짐에 있다. 우쭐대거나 교만하게 행동하지는 않았다는 얘기다. 자주 싸움에서 승리하다 보면 뛰어난 장수도 적을 가볍게 보고 안하무인식 행동을 하게 마련이다. 한마디로 방자해진다. 교만해지니 상대를 만만하게 본다.

읍참마속泣斬馬謖. 제갈량이 울면서 마속의 목을 베었다는 데서 유래한 말이다. 유비는 마속의 사람됨이 교만한 것을 알고 중용하지 말 것을 제갈량에게 유언으로 남겼다 한다. 그러나 승상인 제갈량은 유언을 따르지 않았다. 마속의 사람됨을 보지 않았다. 마속의 재주만 높이 샀기 때문이다.

결과가 어땠는가. 알다시피 마속은 가정 전투에서 대패한다. 부하인 참모의 말도 듣지 않았다. 심지어는 제갈량의 명령서도 따르지 않았다. 일신의 재주만을 믿고 병법이론에 의지해 제멋대로 싸웠다. 촉 군에게 엄청난 피해를 입히게 되었다. 이에 제갈량은 마속의 재주를 아끼는 마음은 있었지만, 엄정한 군율을 무시할 수 없었다. 그랬기에 마속의 목을 베어 본보기로 삼았다. 여기서 읍참마속이란 말이 유래된 것. 사사로운 감정을 버리고 엄정하게 법을 지켜 기강을 바로 세우는 일을 비유하는 고사성어가 되었다.

이제 소설가 황석영 선생이 옮긴 나관중의 『삼국지』를 자세히 보자. 마속의 부하인 참모는 '왕평'이라는 인물이다.

이때 마속·왕평·위연·고상 등이 도착했다는 보고가 들어왔다. 공명은 먼저 왕평을 장막 안으로 불러들여 꾸짖는다.

"내가 네게 마속과 더불어 가정을 지키라 했거늘, 어찌하여 간하지 않고 일이 이지경에 이르도록 했단 말이냐!"

왕평이 고개를 숙이고 답한다.

"중요한 길목에 토성을 쌓고 영채를 세워 지키자고 여러 번 권했으나 참군이 도무지 화만 내며 듣지 않았습니다. 그래서 끝내 저 혼자서 5천 군사를 거느리고 산에서 10리 떨어진 곳에 영채를 세웠더니, 위군이 쳐들어와 사방에서 산을 포위했습니다. 군사를 몰아 10여 차례나 쳐들어갔으나 포위를 뚫을 길이 없었고, 이튿날에 산위 군사들이 토붕와해(土崩瓦解, 땅이 무너지고 기와가 깨지듯 걷잡을 수 없이 무너짐)되어 투항하는 자가 부지기수였습니다."(중략)

공명은 왕평을 꾸짖어 물리치고, 마속을 장막으로 불러들였다. (중략) 공명은 얼굴빛이 변하여 꾸짖는다.

"너는 어려서부터 병서를 많이 읽어 전법에 밝은 사람이 아니더냐? 내가 여러 차례 네게 이르기를 가정은 우리의 가장 근본이 되는 곳이라고 주의를 주었더니, 너는 집안 가속의 목숨을 걸고 중임을 맡지 않았느냐. 네가 만일 왕평의 말을 들었다면 이런 화는 입지 않았을 터, 이번에 군사들이 패하고 장수가 꺾이고 땅을 빼앗기고 성이 함락된 것은 모두 너의 잘못이다. 내 지금 군율을 제대로 밝히지 않는다면 어찌 여러 군사들을 복종시킬 수 있겠는가? 네가 법을 어겼으니 나를 원망하지 말라. 네가 죽은 뒤에는 내가 너의 가속을 거두어 다달이 녹미를 줄 것이니, 너는 조금도 근심하지 말라."

공명은 말을 마치기 무섭게 좌우에게 큰소리로 호령한다.

"당장 끌어내 목을 베어라!"[4]

앞에서도 언급했지만 마속은 재주만 믿고 방자한 말만 앞지르는 인물이었다. 유비가 크게 쓰지 말라고 유언했지만 제갈량은 이를 듣지 않아 나중에 후회했다고 한다. 참고로 마속의 이때 나이는 39세였다고 한다.

미국에서 MBA(Master of Business Administration, 경영학석사) 과정을 이수한 학력學歷만 믿고서 경영이론에 해박함을 자랑하는가. 아니면 이론이 아니라 현장에서 배우고자 학력學力에도 힘쓰는가. 재주는 이론이 아니다. 재주는 현장에서 빛을 발하지 못하면 아무 소용이 없다. 그렇기에 병법서를 달달 외운다고 해서 유능한 장수가 되는 것은 아니다.

만약 병법에 나온 대로 '배산임수背山臨水'의 진을 치고 한신이 조나라를 치고자 했다면 과연 승리를 할 수 있었을까. 한신은 배산임수를 응용하여 '배수진'을 쳤다. 이론대로 따르지 않고 현장에 적용한 것이다. 임진왜란 때 신립(申砬, 1546~1592)은 한신의 배수진 이론대로만 왜적을 맞이했다. 천험의 요새라고 할 수 있는 문경 새재를 전략지로 선택하지 않고 하필이면 왜 너른 탄금대로 이동하여 그 벌판에 배수진을 쳤을까. 이론의 재주는 있으되, 응변(應變, 적절하게 반응하고 변통할 수 있는 능력을 말한다)이 약했기 때문이다.

　현장에 응변할 수 없는 일신의 재주는 그저 허무맹랑한 이론일 뿐이다. 신립이 마속을 닮았다고 한다면 너무 심한 비약이고 불평不平일까. 왜적을 맞이하는 장소가 너른 벌판, 탄금대가 아니라 천험의 요새 문경 새재가 전쟁의 주무대였다고 가정한다면 승전보는 해전이 아니라 육전에서 처음으로 가능했을지도 모를 일이다.

신사임당과 김성주

자신의 재주로 500년 전에 꿈을 이룬 여성이 있다. 여성은 시와 그림에 능한 예술가이자 현모양처의 아이콘이 된 '신사임당'(1504~1551)을 말한다.

최효찬 자녀경영연구소장이 펴낸 『세계 명문가의 독서교육』에 따르면 신사임당은 500년 전에 벌써 '알파맘Alpha Mom'이었다고 전한다.

알파맘이란 '아이의 재능을 발굴해서 탄탄한 정보력으로 체계적인 학습을 시키는 유형의 엄마'를 가리키는 용어다. 이와 반대되는 말도 있다. 자녀가 원하는 삶을 살 수 있도록 옆에서 조언해주는 유형의 엄마를 가리키는 ‘베타맘Beta Mom’이 그것이다.

　필자가 상상하건대 율곡 이이
와 동시대에 살았던 이순신 장군의
모친 초계 변씨가 무릇 신사임당과
대조되는 ‘베타맘Beta Mom’이 아니
었을까….

　최효찬 소장은 다음과 같이 신
사임당의 모습을 그린다.

▲ 신사임당 영정도

　신사임당은 여성이 벼슬이나 사회생활을 할 수 없었던 가부장적인
봉건시대에 살았다. 여성은 글공부보다 조신하게 집안일을 배운 뒤
결혼해서 현모양처가 되는 것이 최선이었다. (중략)

사임당은 결혼 후에도 가난한 살림을 꾸려 나가야 했다. 사임당은
남편이 쉰 살이 될 때까지 벼슬길에 나아가지 못한 탓에 친정과 시
댁을 오가며 사는 등 갖은 고생을 했다. 사임당은 남편의 무능과 가
난 속에서도 자녀교육에 심혈을 기울였다. 평소 자녀들에게 “뜻을
세우면 이루지 못할 것이 없다.”고 강조했는데 이를 입지立志라고
한다. 사임당은 남편이 뜻을 세우고 과거시험에 합격할 수 있도록
신혼 초부터 별거를 택하기도 했다. 신혼 3년 동안 남편을 한양에
보내 공부하게 하는 등 남편 길들이기에 나선 것도 이러한 집안 사
정을 반영한 것이다. (중략) 심지어 신사임당은 경전(사서오경)을 공

부하여 남편 이원수와 토론을 하기도 했다. 그녀는 경전을 두루 섭렵하여 남편과의 토론에서 조금도 뒤지지 않았을 뿐만 아니라 자기주장을 관철시키기도 했다. 율곡이 쓴『어머니 행장기』에 따르면 아버지가 실수를 하면 어머니가 이를 긴히 간하여 바른길로 인도했다고 한다. 부부가 당당하게 토론하며 학문을 함께하는 가정 속에서 자녀들은 절로 공부를 하게 되고 토론의 중요성을 깨달을 것이다.[1]

사임당은 가부장적인 시대에도 굴하지 않고 자신의 재주를 키웠다. 또 결혼 이후에도 매일 새벽이면 일어나 책을 읽었다. 그뿐만 아니라 갖은 고생에도 아랑곳하지 않고 집에서 책을 읽다 좋은 문장을 만나면 이를 써서 아이들이 일어나기 전에 집안 곳곳에 붙여 놓았다. 이처럼 자녀교육에도 매진했다. 어머니가 직접 쓴 문장들을 보고 자녀들이 쑥쑥 자랐다.

사임당 사후 500년 뒤의 있는 엄마들이여! 당신의 집에 있는 냉장고, TV 등에 혹 중국집, 치킨집, 피자집 등의 전화번호 광고판만 붙어있지 않는가. 그렇다면 창피하고 부끄러워해야 할 일이다.

자녀가 자라는 동안, 단 한 번이라도 엄마로서 친필로 정성과 사랑을 자녀에게 보여준 적은 있는가. 500년 전에 신사임당이 그랬던 것처럼 말이다.

신사임당은 4남 3녀의 자녀를 두었다고 한다. 셋째 아들이 그 유명한 율곡 이이(李珥, 1536~1584)다. 이이는 어려서는 신동으로, 성장한 뒤에는 무려 9번의 과거시험에 장원급제를 한 인물로 잘 알려져 있다. 그리고 호조·이조·형조·병조 판서 등을 지냈고 40세 무렵에는 조선의 정국을 주도하는 인물로 존경을 받았다고 한다. 존경을 받을 수 있는 인물로 키운 것의 8할은 짐작하건대 어머니인 신사임당이 뒤에 버티고 있었기 때문이다.

신사임당은 4남 3녀를 똑같은 방법으로 훈육하지 않았다. 저마다 타고난 재능을 최대한 살려 주는 자녀 교육을 했다. 율곡의 경우는 언어지능과 대인관계지능에 집중하고, 옥산과 매창에게서는 공간지능을 키우는 데 집중했다고 한다. 이는 하버드대학 교육심리학자 하워드 가드너가 주장한 다중지능 이론과 통한다고 최효찬 소장은 지적한다.

자녀를 잘 키우는 것도 재주術다. 사임당은 어려서부터 그림에 재주를 보였다. 이때 재주를 발견하고 도와준 사람은 외할머니가 유일한 스승이었다. 또 사임당은 당시로는 납득하기 어려운 사서오경에 통달할 정도로 글공부도 잘했다. 글공부가 남성의 전유물로 여겨지던 당시의 사회적 환경을 고려해 본다면 스스로의 노력으로 높은 수준에 도달하는 것은 보통의 재주로는 어림없는 일이 분명하다. 그럼에도 여성으로서 어머니의 역할에도 충실했지만 한편 생각해 보면 자기계발에도 소홀치 않았다는 것을 어렵지 않게 추측할 수 있다.

사임당은 마치 자신에게 닥친 고난을 비웃기라도 하듯이 아내로서, 어머니로서의 책무를 조금도 게을리하지 않았다. 그러면서 자신의 재능을 갈고닦는 데도 결코 소홀하지 않았다. 다시 말해 스스로의 삶에서도 모범을 보였다. 실제 생활에서 학문을 닦는 어머니의 모습을 자연스럽게 접한 것이 일곱 자녀들에게는 최고의 배움 그 자체였다.

사임당은 조선 제일의 여류화가였다. 일곱 살 때부터 그림 공부를 시작하여 결혼과 출산, 육아 기간에도 손을 놓지 않고 꾸준히 그림 공부를 했다. 자녀들은 그림을 그리는 어머니 곁에서 창작열과 사물을 관찰하는 정확한 눈을 배우면서 끊임없이 정진하는 성실한 삶의 태도를 이어 갔던 것이다.[2]

이 이야기는 오늘을 사는 엄마들에게 시사하는 바 크다. 어려서는 재주가 출중해 보였던 여성이 결혼하고 출산하며 육아를 하는 동안에 자아상실에 빠진다. 나만의 재주를 거의 잃는다. 이렇게 전문가들은 한결같이 말한다. 조선시대 보다는 대한민국이 여성에겐 여러모로 자기계발을 할 수 있는 유리한 환경일 것이다.

재주術는 나무와 같다. 이 나무는 1만 시간이 지나야 꽃을 피운다. 그리고 30년이 되어야 성공이란, 아니면 고수高手라는 이름의 열매를 맺는다. 우리가 아주 어려서부터 재주를 갈고닦아야 하는 이유이기도 하다.

　　고 김수근 대성그룹 회장의 막내딸 김성주(1956년생) 성주그룹

회장이 누군가. 그녀는 최고경영자CEO가 드문

한국 경영계에서 자기 힘으로 사업을 일군 성공

한 여성 기업인으로 손꼽힌다. 『CEO가 갖추어

야 할 조건』을 쓴 세계일보 이보연 기자는 '여자

의 방법으로 승부해라'에서 김성주 회장을 이렇

게 소개한다.

　　김 회장은 1990년 성주인터내셔널(현 성주그룹)을 설립하여 구치

와 소니아리키엘, YSL 등 해외 럭셔리 브랜드의 국내 독점판매 사

업을 시작했다. 그가 사업가로서 세간에 알려진 계기는 MCM 브랜

드를 사들인다는 소식을 내놓으면서부터다. MCM은 1976년 독일

뮌헨에서 출범한 가죽 제품 전문 브랜드로 한때 '독일의 루이뷔통'

이라는 명성을 얻기도 했다. (중략) 재벌가에서 출생했으니 사업 성

공에 필요한 기반은 다 갖추어진 것이 아니냐고 묻는 이들도 있겠

지만, 그는 집안의 재력에 기대어 성공하지 않았다. 보수적인 경상

도, 특히 남녀 차별이 강한 집안의 7남매 중 막내로 태어난 그는 어

릴 때부터 '여성은 아무것도 아닌 존재'라는 인식을 주입받았다. 집

에서 중매결혼을 추진하자 그는 유학을 떠나 홀로서기를 시도했다.

(중략) 김 회장은 "지금까지는 배워온 과정이었고 승부는 이제부터

다"라며 "머지않아 구치, 루이뷔통, 프라다 그룹 등과 당당하게 어

깨를 나란히 하는 날이 올 것"이라며 의지를 다지고 있다.

"무엇이 되겠다고 미리 작정한 것은 아니었는데, 내면에 감추어진 재능을 하나씩 찾아내고 행동으로 옮기다 보니 여기까지 왔다. 아버지가 출가외인이라는 이유로 주식 한 주, 땅 한 평 주지 않았지만 그 대신 더 큰 것을 물려받았다. 바로 사업가의 피다." [3]

내 재주가 아깝다고 생각된다면 결혼을 무시하고 해외로 나가는 길도 한 방법이다. 이런 위험과 모험이 없이는 내 재주만 갖고서 홀로서기란 가당치 않는 일이다. 또 무엇이 되겠다고 미리 작정하거나 계획서를 만지고 고치고 다듬을 필요가 없다. 이보다는 차라리 자기에게 감추어진 재주를 하나씩 찾아내고 행동으로 옮기는 것이 좋다. 패자는 항상 생각만 한다. 반면에 승자는 어떤가. 생각을 행동으로 바로바로 옮긴다. 이런게 패자와 가장 다른 차이점이다. 그리고 승자는 배움學力이 짧지 않고 긴 편이다. 여기서 말하는 배움이란 학벌을 말하는 것이 아니다. 공부하는 자세를 뜻한다.

또 승자는 일신의 재주가 몸에 무르익을 때까지 기다릴줄 안다. 약간의 재주로 섣부르게 승부하지는 않는다. 그렇기에 인내심도 남다르다. 승부할 타이밍이 올 때 독수리가 된다. 순식간에 낚아채지 않으면 기회를 놓친다는 것을 잘 알고 있기 때문이다. 화려한 외모와 말솜씨, 그리고 재벌가 출신이라는 이유로 대기업 회장에 여성이 오르는 것이 아니다. 남다른 재주와 경쟁력이 있기 때문에 회장 지위에 오른 것이다. 다른 이들의 성공을 삐딱하게 보지 말자. 그러면 당신의 재주가 형편없다는 고백이나 마찬가지니까.

주향불파항자심

2,000년 전에 씌어진 『논어』의 학이學而 편에는 이런 기막힌 명구가 나온다. '실행하여 여력이 있으면 문文을 배워라'가 그것이다. 이를 한자로 옮기면, '행유여력行有餘力, 즉이학문則以學文'으로 쓸 수 있다.

한자학의 최고 권위자로 평가받는 시라카와 시즈카(白川靜, 1910~2006)에 따르면, 붓으로 적은 글자를 의미하는 게 '서書' 자라고 한다. 그러므로 '서예書藝'란 '붓으로 적은 글의 예술'이 사전적 의미로 해석하면 맞는 얘기다.

▲ 논어

요즘 캘리그래피(calligraphy, 붓으로 적은 글씨)가 뜨고 있다. 사람들이 인쇄 활자와 컴퓨터 글자체에 싫증을 내기 시작했기 때문이다. 그래서일까. 최고경영자CEO의 방에서 심심찮게 붓으로 적은 글씨를 근래에 자주 감상하게 된다.

어느 날인가. 방화동에 갔다. 외식 프랜차이즈 '맛대로 촌닭'의 최원호 사장과 모처럼 만났다. 3년 만에 해후였다. 1층에 있던 사장실이 없어지고 2층으로 옮겼는데 칸막이가 없었다. 대신에 오픈 된 공간에 사장의 책상을 놓고 쓰고 있었다. 책상 뒤 벽면에는 서예가로부터 직접 받은 액자가 걸려 있었다. 호기심에 물었더니 친절하게 중국 속담이라고 했다. 한자로 이렇게 씌어져 있었다.

酒香不怕巷子深주향불파항자심

이 중국 속담을 지금이 고인이 되셨지만 강권석 기업은행장은 무척 좋아했던 것 같다. 한국경제신문(2006년 7월 25일자)에 주옥같은 에세이를 썼다. 그런데 위에 언급한 중국 속담 한자가 첫 문장이었다. 다음은 그 내용이다.

'酒香不怕巷子深(주향불파항자심·술맛이 좋으면 골목이 깊은 것을 두려워하지 마라)' 즉, 술맛만 좋으면 아무리 찾기 어려운 깊숙한 골목에 있어도 손님은 끊이지 않고 찾아온다는 중국의 속담이다.

기왕에 먹을 밥, 기왕에 마실 술, 좀 더 맛있고 분위기 좋은 곳을 찾아가는 것은 당연지사다.

필자도 예전에 어찌어찌해서 좋은 맛집을 발견하면 친한 지인知人들에게 소개하는 재미가 쏠쏠했던 적이 있었다.

과천에 근무할 때로 기억된다.

한번은 등산을 갔다가 하산하는 길에 산 속 외딴 곳에 있는 허름한 보리밥집을 발견했다.

겉보기와는 달리 반찬이 정갈하고 맛이 하도 좋아서 그 이후로 자주 들르기도 하고 친구나 동료들에게 적극 소개하기도 했다.

나로 인해 입소문이 난 그 보리밥집은 나날이 장사가 잘되었고 어쩌다 한번 찾아가면 마치 무슨 은인이 온 것처럼 융숭한 대접을 하곤 했다. 몇 년 전부터 전국의 맛집을 소개하는 TV 프로그램이 인기를 끌면서 유명하다는 맛집은 대부분 방송을 타게 되었다.

한국인 특유의 대중 매체에 대한 신뢰도를 감안한다면 방송에 소개된 맛집으로 손님이 몰리는 것은 지극히 당연하다고 생각된다.

이런 현상을 국내 어느 연구기관에서는 '큐레이터curator 소비'라고 규정하고 있다.

어디가 맛있는 집인지 직접 맛보기 전에는 알 수 없는 소비자들에게 TV가 유용한 큐레이터 역할을 하고 있는 것이다.

하지만 방송을 탄 맛집이라도 막상 찾아가 보면 생각보다는 별로였다는 반응이 의외로 많다고 한다.

그러다 보니 최근에는 방송에 소개된 맛집의 음식이 정말 맛있는지 다시 평가해 주는 사람들도 생겨나게 되었다.

심지어 '맛집 소개 프로그램에 소개되지 않은 집'이라는 플래 카드를 내세우고 영업하는 집들도 있다고 한다.

필자가 뉴욕 영사관 재정경제관으로 근무할 당시 중요한 손님 접대가 있을 때 미국 내 유명 레스토랑을 평가하여 순위를 매긴 재겟 Jagat이라는 잡지에서 많은 도움을 받은 적이 있다.

재겟 가이드는 레스토랑의 음식 맛, 실내 장식, 가격, 서비스 등 4개 항목을 소비자에 대한 철저하고 객관적인 서베이를 바탕으로 등급을 매겨 발표하기 때문에 이에 대한 미국인들의 신뢰가 대단함을 느꼈다.

오랫동안 근무했던 과천을 떠나 서울 시내에서 은행장으로 근무하면서 특별한 약속이 없는 날에는 어디 가서 무엇을 먹어야 할지 고민될 때가 종종 있다.

직장인이라면 누구나 느끼는 즐거운 스트레스일 수도 있겠지만 재겟 가이드처럼 정말 맛있는 곳을 제대로 소개해 주는 책자가 하루속히 나왔으면 하는 바람이다.

그러면 직장인들의 고민도 덜어질 뿐만 아니라 세계 속의 대도시인 서울의 관광 산업이 더욱 활성화되면서 소비 회복과 지나치게 많아 어려움을 겪고 있는 식당 업종에 자연스러운 구조조정도 일어나고 경기를 되살리는 데 도움이 될 수 있을 것이다. [1]

주향은 음식의 맛을 뜻한다. 꼭 술맛이라고 해석할 필요가 없다. 불파는 두렵지 않다는 뜻이다. 항자는 골목길을 말한다. 심은 말 그대로 깊다는 뜻이다. 요컨대 중국 속담은 골목길이 꼬불꼬불 찾기 어려워도 음식의 맛이 뛰어나고 좋으면 손님이 찾아간다는 의미를 담고 있다. 이 의미를 되새기고자 '맛대로 촌닭'의 최원호 사장은 액자로 벽에 걸어놓고 매일매일 수시로 읽는다고 했다.

좀 더 맛있는 식당이 장사가 잘 되는 법이다. 다음이 가격, 서비스, 분위기 등이 차지하는 것이다. 이왕 음식장사 얘기가 나왔으니 좀 더 이야기 하자.

어쩌다 허름한 음식점에 가면 보게 된다. 붓으로 적은 서예 액자가 손님이 잘 보이는 곳, 벽면을 차지하고 있다. 대개 이런 한자가 적혀 있다.

'천객만래千客萬來' 천 명의 손님이 만 번씩 온다는 뜻이다. 좋게 말하면 많은 손님이 번갈아 계속 찾아오는 것을 바라는 소원이 담긴 말이나 나쁘게 말하자면 손님이 만 번씩 오라는 얘기이니 시커먼 장사속이 훤히 드러나 보이는 말이 아닐 수 없다.

과거엔 그런 시절이 있긴 있었다. 음식점은 적고 손님은 많았던 때가 있었다. 하지만 이제는 음식점은 많고 손님은 적어지는 때를 맞이하고 있는 게 사실이다. 그러니 음식장사를 하더라도 제대로 하지 않으면 경쟁하기 어려운 시대다. 한마디로 생존하기가 버겁다. 이는 음식장사뿐만 아니라 비즈니스 세계도 마찬가지다.

아무튼 음식장사도 주인, 즉 경영자의 철학이 성패를 좌우한다고 본다. 음식은 맛으로 승부해야 한다. 그렇기에 천 명의 손님이 만 번씩 오기를 바라는 로또형 창업자가 되는 것 보다는 바야흐로 시대가 사냥꾼의 시대가 아닌 만큼 농부의 마음가짐이 되어 하나하나 정성과 사랑으로 즉, 맛으로 승부하고자 노력하는 음식점 경영자가 미래에는 손님에게 더 환영받지 않을까. 욕쟁이 할머니가 버틸 수 있는 이유에는 욕을 손님에게 한바탕 시원하게 잘해서가 결코 아니다. 맛이 훌륭하고 좋아서다. 이걸 모르면 다른 재주術를 부려도 소용이 없다. 반응이 없다. 그러니 손님이 감동을 받지 않는 것이다.

이제라도 생각을 바꿔야 한다. 천객만래가 아니라 주향불파항자심 하는 자세가 무릇 음식점 경영자에게도 필요한 시대가 왔기 때문이다. 그리고 여력이 남거든 문(文, 최고경영자 과정)을 배우는 것이 정석이다.

실행(돈을 벌었다, 나름 성공했다는 기준에 의거한다)하여 어느 정도 여력이 있는 대기업의 최고경영자CEO들은 이제 인문의 숲에서 경영을 만나고자 하고 있다. '행유여력行有餘力, 즉이학문則以學文'이 되기 때문이다. 내 재주가 아직 유여력有餘力에 미치지 못하면 실행行할 수 없다. 그러니 좀 더 재주를 갈고닦자. 그런 다음에나 인문학을 새로 배우든지 아니면 최고 경영자 과정을 등록하든지 해야 그 순서가 맞다. 이런 얘기다.

돈 버는 것도 하나의 재주다. 재주를 다한 후에 여력이 있으면, 창업을 기업 수준으로 만약 키웠다면 그때는 인문학에 최고경영자CEO으로서 주목할 필요가 있다. 아니, 절실하게 배워야 한다.

문무文武라고 했던가. 재주는 처음에는 힘쓰는 무武가 필요하다.

무가 익숙해지면 그 다음 수순으로 문文으로 넘어가면 된다. 무는 외적으로 보이는 것이고 문은 내적으로 보이지 않는 것. 보이는 재주가 하찮게 여겨지면 시장에서 통하지 않는다. 잘 팔리지 않는 법이다.

주석

1부

酒

이순신의 18%

1 『이기는 심리의 기술-트릭』, 안세영 지음, 한국경제신문, 109쪽 참조.

2 같은 책, 85쪽 참조.

3 같은 책, 87쪽 참조.

4 『좋은 이별』, 김형경 지음, 푸른숲, 190쪽

5 『박시백의 조선왕조실록10-선조실록』, 박시백 지음, 휴머니스트, 171쪽 참조.

유비의 28세

1 『왼손에는 사기, 오른손에는 삼국지를 들어라』, 밍더 지음, 홍순도 옮김, 김영수 감수, 더숲. 지은이 밍더明德는 중국의 고전 및 전통문화연구 분야의 대표적인 저술가로 대중적인 인기를 누리는 작가로 소개된 바 있다.

2 같은 책, 313쪽 참조

3 같은 책, 385쪽 참조

4 『삼국지1』, 나관중 지음, 황석영 올김, 창비, 28쪽 참조

이립

[5] 같은 책, 30쪽 참조. 책은 '하늘에 맹세하기를 마치자 관우는 현덕에게 절하여 둘째가 되고, 장비는 현덕과 운장에게 차례로 절하여 막내가 되었다. 세 사람은 하늘에 맹세하고 나서 소 잡고 술을 준비하여 잔치를 벌이고 장정들을 모집하니, 모여든 고을 장정들이 3백여명이다. 그들은 도원에서 한껏 술을 마셔 모두 취했다'라고 적었다. 이는 오늘날 기업경제로 해석하면 첫 기업창업이라고 볼 수 있다.

[6] 『부의 8법칙』, 페터 노일링 지음, 엄양선 옮김, 김호균 감수, 서돌, 72쪽 참조.

됨됨이가 보이는 자리

[1] 『삼국지 경영학』, 최우석 지음, 을유문화사. 책은 조조의 결단, 유비의 덕치, 손권의 수성에 주목하여 삼국지를 통해 리더십과 경영의 진수를 보여준다.

[2] 『기업의 숨겨진 핵심자산·정서자본』, 케빈 톰슨 지음, 이주일·오승훈 옮김. 새로운제안 참조. 이 책은 많은 경영이론가들은 부서 기능이나 비즈니스 프로세스에 관련된 정보와 지식의 관리에만 관심을 가질 뿐, 지식을 가치있게 만드는 사람들에게 동기를 부여하여 그들의 열정과 추진력을 이끌어내는 데는 무관심하다(29쪽)고 지적한다.

[3] 『삼국지 경영학』, 116쪽 참조

[4] 『영화, 경영과 마케팅에 빠지다』, 심상훈 지음, 북포스, 92쪽 참조. '와호장룡'이란 영화는 수없이 보고 또 보고픈 마음이 들 정도로 명작이다. 영화에서 나는 가장 인상적인 장면을 꼽자면 주저하지 않고 곧바로 '대나무 숲의 결투 장면'을 꼽을 것이다. 승자로 그려지는 리무바이에겐 대나무도 기꺼이 도와주는 손이 된다. 대나무 숲가 하나가 되기 때문이다. 반면에 용의 사정은 그렇지가 않다. 그래서 용은 영화에서 신경질적으로 대나무 숲을 칼로 툭툭 끊는다. 이 장면이 굳이 필요한 이유다.

이문원 스타일

1 『술-한국의 술문화1』, 이상희, 선, 954쪽 참조. 옛사람은 노수신(盧守愼, 1515~1590)을 말한다. 조선 중기의 문신·학자로 을사사화 때 이조좌랑에서 파직되어 귀향살이를 하였으나 선조 즉위 후에는 우의정, 좌의정을 거쳐 영의정에 올랐던 인물이다. 참고로 선생은 『동의보감』을 지은 허준의 장인. 문집으로 『소재집』이 있으며, 이야기는 〈음선지설飮膳之節〉에 나온다.

2 해산물 정통 포장마차 '버들골 이야기'(www.bdgstory.co.kr) 주식회사 행진의 문준용 대표이사(CEO)의 술집 경영철학이자 좌우명으로 유명하다.

3 『술-한국의 술문화2』, 이상희, 선, 652쪽 참조

4 『남자들에게』, 시오노 나나미, 이현진 옮김, 한길사, 201쪽 참조

5 『남자들에게』, 시오노 나나미, 이현진 옮김, 한길사, 201쪽 참조.

붉은 대추 한 알에 태풍이 몇 개?

1 『포옹-문태준의 내가 사랑한 詩』, 문태준 엮음, 해토. 109쪽 참조.

2 『수중혜手中慧』 SERICEO 콘텐츠팀 엮음, 삼성경제연구소. 64쪽 참조. 책은 시사점을 이렇게 정리한다. '실패한 사람의 95%는 실패한 게 아니라 중도에 포기한 사람들이라고 한다. 그렇게 볼 때 결국 성공이란 어떤 어려운 상황에 처해더라도 포기하지 않고 끝까지 물고 늘어지는 자의 몫'이라는 설명을 붙였다. 공자가 『논어』 '옹야편'에서 강조한 바 있는 '역부족자力不足者 중도이폐中途而廢'를 보는 듯 의미가 상통한다.

CEO, 詩理悟

1 『시에서 아이디어를 얻다』, 황인원, 흐름출판, 5~6쪽.

2 『당시唐詩』, 이원섭 역해, 현암사, 77~78쪽.

정보력의 자리

1 『이태백이 없으니 누구에게 술을 판다?』, 민음사, 이병한, 13쪽.

2 한시의 원제는 곡선성선양기수哭宣城善釀紀叟이나 서울대 이병한 교수는 비틀어 '저승의 주막집'으로 세련되게 해석하여 제목을 단 것 같다. 주인공을 '선성宣城의 술 잘 빚었던 기紀씨 영감님'으로 해석하기 보다는 사이를 주관화로 국한치 않고 객관화 '장소'로 재탄생을 시켰으니 저승의 주막집이 마치 눈 앞에 직접 펼쳐지며 갈씬갈씬(상상력이 겨우 조금 닿을락 말락 하는 모양의 뜻)한 맛을 기꺼이 전한다.

3 편리한 세상이다. 인터넷으로 확인해 보니 신문은 '부산일보'였고 날짜는 2007년 4월 17일로 확인되었다. 기사 내용은 '성균관대학 교수 30여명이 '술 공부 모임'을 가졌다는 뉴스였다. 이백의 한시(월하독작)로 시작된 중국 술문화 특강은 중국 명주를 함께 마시는 '실습'으로 이어졌으며 교수들의 대화와 교류를 활성화하기 위한 자리가 그 목적이라고.

4 중국 송나라 시인 소동파蘇東坡를 말한다.

채움, 비움, 배움

1 『피터 드러커 경영 키워드 365』, 이재규, 사과나무, 126쪽 참조.

2 같은 책, 151쪽 참조.

숲에서 가장 큰 상수리나무의 비밀

1 『최고는 무엇이 다른가』, 윌리엄J 오닐, 지식의날개, 176쪽 참조.

2 『아웃라이어』, 말콤 글래드웰, 김영사, 31쪽 참조.

3 같은 책, 33쪽 참조. 우리가 크게 착각하는 것들 중에 하나가 '성공한 사람은 모두 단단한 도토리에서 나왔다고 생각하는 것'에 있다.

생을 긍정하고 사랑하게 만드는 힘

1 『뜻도 모르고 자주 쓰는 우리말 어원 500가지』, 이재운 · 박숙희 · 유동숙 편
저, 예담, 231쪽 참조.

2 『한국의 술문화1』, 이상희, 선, 130쪽 참조.

취醉하면 승자요 추醜하면 패자

1 『술1-한국의 술문화』, 이상희, 선, 21쪽 참조.

2 같은 책, 서문 참조.

최고의 세로토닌 상태

1 〈아시아경제신문〉, 포장마차에서 만난 박현주 미래에셋회장 '솔직 토크',
김정민 기자, 2008년 2월 20일자 참조.

2 『피터 드러커의 위대한 통찰』, 크레이크 L 피어스 외 지음, 이미숙 · 권오열
옮김, 장영철 감수, 한스미디어, 47쪽 참조.

3 『세레토닌 하라』, 이시형 지음, 중앙북스, 35~36쪽 참조.

유득공의 글 상자

1 『한글세대가 본 논어1』, 배병삼 주석, 문학동네, 349쪽 참조.

2 『승정원일기-소통의 정치를 논하다』박홍갑, 이근호, 최재복 지음, 산처럼,
5쪽 참조.

3 『책만 보는 바보』, 안소영 지음, 강남미 그림, 90쪽 참조.

4 『경제전쟁시대 이순신을 만나다』, 지용희 지음, 디자인하우스, 106~107쪽
참조.

다산과 백곡의 공통점

1 『다산선생 지식경영법』, 정민 지음, 김영사, 149쪽 참조.

2 같은 책, 150쪽 참조.

3 같은 책, 153쪽 참조.

4 같은 책, 154쪽 참조.

5 같은 책, 159쪽 참조.

냅킨이면 어떻고 명함이면 어떤가

1 『한국의 CEO는 무엇으로 사는가』, 이필재·유승렬 지음, 부키, 173쪽 참조.

2 같은 책, 170쪽 참조.

3 상동

4 같은 책, 62쪽 참조.

5 같은 책, 67쪽 참조.

6 같은 책, 248~9쪽 참조.

딱풀 과

1 『멀리 가려면 함께 가라』, 이종선 지음, 갤리온, 82쪽 참조.

2 같은 책, 149~150쪽 참조.

3 같은 책, 181쪽 참조.

기억하는 것을 쓸모없도록 하라

1 『멀리 가려면 함께 가라』, 이종선 지음, 갤리온, 49쪽 참조.

2 『메모의 기술2』, 최효찬 지음, 해바라기, 5쪽 참조.

3 『메모의 기술』, 사카토 겐지 지음, 고은진 옮김, 해바라기, 추천의 글 중에서.

4 『장자』, 오강남 풀이, 현암사, 55쪽 참조.

1등의 끝없는 습관

1 『십이지 경영학』, 손욱 지음, 페이퍼로드, 15~16쪽 참조.

디지털리서치의 창업자인 개리 킬달은 1980년 IBM이 운영체계 공급 계약을 맺자는 것을 거부했다. 누구도 자기 제품에 도전하지 못할 것이라는 착각에 빠져 있었기 때문이다. 디지털리서치를 대신해 IBM에 운영체계 공급한 회사가 빌 게이츠의 마이크로소프트MS다.

이때부터 MS는 운영체계 시장을 독점하면서 승승장구 1등 기업이 되었다고 전한다.

2 『행복의 조건』, 조지 베일런트 지음, 이시형 감수, 이덕남 옮김, 프런티어, 107쪽 참조.

3 『책 읽는 CEO』, 김현예 지음, 비즈니스북스, 234쪽 참조.

4 『십이지 경영학』, 손욱 지음, 페이퍼로드, 25쪽 참조.

문종과 범려의 차이

1 『사마천 史記』, 사마천 지음, 스진 풀어씀, 노만수 옮김, 일빛, 193쪽 참조.

2 『욕망하는 천자문』, 김근 지음, 삼인, 47쪽 참조.

3 『메모의 기술』, 사카토 겐지 지음, 고은진 옮김, 해바라기, 72쪽 참조.

군자유삼변

1 『새번역 논어』, 이수태 지음, 생각의나무, 504쪽 참조.
2 『CEO 책읽기』, 고승철 지음, 책만드는집, 219쪽 참조.
3 『논어의 발견』, 이수태 지음, 생각의나무, 37쪽 참조.
4 『새번역 논어』, 이수태 지음, 생각의나무, 423쪽 참조.
5 『아이디어 블록』, 제이슨 르쿨락 지음, 명로진 옮김.
6 『꿈을 이루어주는 코끼리』, 미즈노 케이야 지음, 김문정 옮김, 227쪽 참조.

하세가와의 40년 비밀

1 『한글세대가 본 논어1』, 배병삼 주석, 문학동네, 497쪽 참조.
2 『CEO가 갖추어야 할 조건』, 이보연 지음, 하나북스, 213~216쪽 참조.

세한도의 한 줄

1 『친구』, 쟈핑와 지음, 김윤진 옮김, 이레, 56~57쪽 참조.
2 『생각 노트』, 기타노 다케시, 권남희 옮김, 북스코프, 126~127쪽 참조.
3 『세한도』, 박철상 지음, 문학동네, 95~97쪽 참조.
4 『사장의 노트』, 하세가와 가즈히로 지음, 이정환 옮김, 서울문화사, 193쪽
참조.

맹상군의 식객들

1 『임꺽정-길 위에서 펼쳐지는 마이너리그의 향연』, 고미숙 지음, 사계절, 92쪽 참조.

2 같은 책, 70쪽 참조.

사소한 차이

1 『술-한국의 술문화2』, 이상희 지음, 선, 233쪽 참조.

오마에 겐이치의 오프off

1 『Off학-잘 노는 사람이 성공한다』, 오마에 겐이치 지음, 이수미 옮김, 에버리치홀딩스, 머리말 참조.

2 같은 책, 7~8쪽 참조.

3 『경제전쟁시대 이순신을 만나다』, 지용희 지음, 디자인하우스, 127쪽 참조.

서른 전후의 재주 : 방망이를 깍든 돗자리를 짜든

1 『왼손에는 사기, 오른손에는 삼국지를 들어라』, 밍더 지음, 홍순도 옮김, 김영수 감수, 더숲, 385쪽 참조.

마음재주

[1] 『다산문학선집』, 정약용 지음, 박석무·정해염 편역, 현대실학사, 117~118쪽 참조.
[2] 『마음사전』, 김소연 지음, 마음산책, 62쪽 참조.

조조, 원소를 경계하다

[1] 『고금소총』, 정상우 편역, 다문, 143쪽 참조.
[2] 『자치통감7』, 사마광 지음, 권중달 옮김, 삼화, 323쪽 참조.
[3] 같은 책, 552~553쪽 참조.
[4] 『삼국지8』, 나관중 지음, 황석영 옮김, 창비, 262~264쪽 참조.

신사임당과 김성주

[1] 『세계 명문가의 독서교육』, 최효찬 지음, 바다출판사, 244~252쪽 참조.
[2] 같은 책, 251~252쪽 참조.
[3] 『CEO가 갖추어야 할 조건』, 이보연 지음, 하나북스, 245~248쪽 참조

주향불파항자심

[1] 『한경에세이-맛있는 집』, 강권석, 한국경제신문, 2006년 7월 25일자 참조.